# Filderstadt – ein Bildband

Herausgegeben

von der Stadt Filderstadt

**Wir sind Filderstadt**

CVJM
WAREN-TAUSCH-TAG
Bücher
Haushaltswaren
Spielzeug

**Willkommen in Filderstadt**

**Filderstadt – die junge Stadt**

**Die Filder aus der Luft**

Die Filder – bis vor wenigen Jahrzehnten noch weitgehend ein agrarisches Gebiet – gehören inzwischen im Großraum Stuttgart zur stärksten Wachstumsregion. Seit dem Zweiten Weltkrieg fand auf den Fildern in nur wenigen Jahrzehnten ein ungeheurer Urbanisierungsschub statt. Aus weitgehend bäuerlich-ländlichen Dörfern wurden großstadtnahe Wohngebiete mit beliebten Freizeiteinrichtungen sowie attraktiven Gewerbestandorten. Aufgrund der benachbarten Naherholungsgebiete von Schönbuch und Schwäbischer Alb entwickelten sich die Filderorte zu einer sehr beliebten Wohnlage. Gleichzeitig sorgten die nahegelegene Autobahn A 8 und der Flughafen dafür, dass die Stadtteile von Filderstadt gefragte Gewerbestandorte wurden.

So sind diese Orte durch mancherlei Gegensätze gekennzeichnet: High-Tech-Produktion (z.B. von Chip-Karten) oder eines der modernsten Erlebnisbäder der Region auf der einen Seite, auf der anderen Seite verträumte Winkel mit jahrhundertealten Fachwerkhäusern und Ortskerne, in denen noch liebevoll Bauerngärten gepflegt oder Landwirtschaft betrieben wird. Dieses Spannungsverhältnis ist für die Umlandgemeinden der Region Stuttgart aber durchaus typisch und nicht ohne Reiz, es wird mitunter als „Urbanisierung ohne Urbanität" bezeichnet. Hier gilt es, einen Weg zu finden, der den unterschiedlichen Ansprüchen gerecht wird.

Filderstadt – der Name steht für die Gemeindereform von 1975: die fünf Gemeinden Bernhausen, Bonlanden, Harthausen, Plattenhardt und Sielmingen schlossen sich zu einer Stadt zusammen und sind heute mit 44 000 Einwohnern die zweitgrößte Stadt im Landkreis Esslingen. Es gab gewiss schon viel Kritik an dieser Gemeindereform. Doch sollten auch nicht die Chancen dieses Zusammenschlusses zu größeren Verwaltungseinheiten übersehen werden. Angesichts der Zielkonflikte bei den raumplanerischen Funktionen Wohnen, Arbeit, Verkehr oder Umweltschutz ist eine koordinierende Planung in größeren Einheiten unabdingbar. So manche Fehler aus den 50er und 60er Jahren hätten sich vermeiden lassen. Größere Verwaltungseinheiten bedeuten aber auch eine wirksamere Interessenvertretung der Belange der Filder gegenüber der Stadt Stuttgart oder der Region, wie in der Frage der S-Bahn nach Filderstadt.

Zudem ermöglicht erst eine größere Verwaltungseinheit den Aufbau der vielfältigen kulturellen Angebote, wie z.B. Theater- und Konzertveranstaltungen in der FILharmonie, die Volkshochschule, Kunst- und Musikschule, Stadtbibliothek, Heimatmuseum usw.

Selbstverständlich besteht aber auch der Anspruch, nicht nur eine gesamtstädtische Filderstädter Identität voranzubringen, sondern gleichzeitig die Eigenständigkeit der Stadtteile und ihre älteren und jüngeren Traditionen beizubehalten. In der Tat florieren die Vereine auch weiterhin, dies zeigt sich nicht zuletzt in den von den Vereinsringen organisierten Festlichkeiten. Erfreulich ist aber auch, dass sich zahlreiche Vereine auf Stadtebene gebildet oder sich örtliche Vereine auf Stadtebene zusammengeschlossen haben.

Somit lässt sich durchaus sagen, dass sich im Bewusstsein der Menschen allmählich eine gesamtstädtische Identität entwickelt. Eine gute Voraussetzung bilden hierfür gemeinsame, stadtteilübergreifende Institutionen. Das beste Beispiel sind die Schulen, die dazu beitragen, dass durch das tägliche Lernen und Arbeiten gerade bei der jüngeren Generation die Menschen der verschiedenen Stadtteile zusammenwachsen.

**Jakobuskirche**

**Bahnhof Bernhausen**

**Bernhausen von oben**

**Bernhausen von Norden**

Bernhausen – Filderstadts größter Stadtteil – kann auf eine lange Vergangenheit zurückblicken: Die Ersterwähnung 1089 bedeutet die früheste urkundliche Eintragung eines Ortes auf den Fildern überhaupt.

Der alte Siedlungskern entwickelte sich zwischen der Kirche und der Burg entlang des heute verdolten Katzenbachs; begrenzt wurde der Ort durch die beiden parallel zum Bach verlaufenden Straßen, die Rosenstraße sowie die Hintere Gasse.

Zwei Faktoren verhalfen Bernhausen zu beträchtlichem Wohlstand: die fruchtbaren Ackerböden sowie die durch Bernhausen führende Albstraße, eine von Stuttgart über Metzingen nach Ulm verlaufende Fernstraße. Nach dem Bau der württembergischen Eisenbahnlinie nach Ulm 1850 ging jedoch die günstige Verkehrslage verloren. Daraufhin intensivierte man die Landwirtschaft, die Filder wurden zum Zentrum des Krautanbaus, insbesondere für die nahen Absatzgebiete in der Großstadt.

Erst nach dem Zweiten Weltkrieg siedelten sich (entlang der Filderbahn) in größerem Umfang Industriebetriebe an, die jedoch auch die Standortfaktoren Autobahn und Flughafen zu schätzen wussten.

Es entstanden weiterhin zahlreiche neue Wohngebiete, für die in den letzten Jahrzehnten die erforderliche Infrastruktur geschaffen wurde: Im Ortskern von Bernhausen befinden sich heute viele Geschäfte, aber auch Cafés und Restaurants; außerdem hat Bernhausen ein Hallenbad, Sportstätten, die Städtische Galerie, ein Jugendhaus u.a. zu bieten.

*Der Turm der Jakobuskirche von 1422 ist das älteste Gebäude von Filderstadt, das Kirchenschiff sowie der Chor wurden 1475 vollendet.*

*Der S-Bahn-Bahnhof hat sich zu einem neuen Zentrum in Bernhausen entwickelt, ein Café lädt zum Verweilen ein. Der historische Bahnhof von 1897 sowie das moderne Ambiente bilden eine interessante architektonische Verbindung.*

*Der Ortskern von Bernhausen von Süden.*

*Blick vom Tower auf Bernhausen.*

**Rathaus**
**Gotthard Müller**
**Ewiger Friedhof**
**„Schlössle"**
**Pferdemarkt**
**Krautfabrik**

*Johann Gotthard Müller (1747–1830), in Bernhausen geboren, studierte in Paris und war von 1776 bis 1794 Professor an der Hohen Carlsschule in Stuttgart. Goethe schrieb 1797 über Gotthard Müller: „Das Kupferstechen steht wirklich hier [in Stuttgart] auf einem hohen Punkte; Professor Müller ist einer der ersten Künstler in dieser Art."*

*Der älteste Teil des Rathauses stammt aus dem Jahr 1616. Das Fachwerk des Obergeschosses ist etwas jünger. Heute befindet sich ein Teil der Stadtverwaltung in diesem Gebäude.*

*1871 errichtete die Altpietistische Gemeinschaft einen privaten Friedhof, dessen Gräber nie aufgelassen werden dürfen.*

*Das „Schlössle", ein Bauernhaus von 1588, ist seit der Sanierung 1998 ein Schmuckstück im Ortskern.*

*Gespannvorführung auf dem Bernhäuser Pferdemarkt.*

*In Bernhausen haben Krautanbau und Krauthandel bereits eine lange Tradition. Die Bernhäuser Landwirte konzentrieren sich seit den 1960er Jahren ganz auf Gemüsebau und eigene Vermarktung. Bernhausen ist heute mit Abstand die größte Krautanbau-Gemeinde der Filder.*

**Alt und Neu**
**Wochenmarkt**
**Skulptur am Bahnhof**
**Tower**
**Casa Medici**

*Kontrast von Alt und Neu: modernes Bankgebäude und ein Fachwerkhaus aus dem 17. Jahrhundert.*

*Zwei Mal pro Woche findet in der Fußgängerzone ein Wochenmarkt statt, links die Skulptur „Krautmarie" von Kurt Grabert.*

*Der Bahnhofsplatz ist geprägt durch die Großskulptur „Filderspiel" von Robert Schad, errichtet 2001.*

*Moderne Architektur am Ortsrand – der Tower.*

*Moderne Architektur im Ort – das Casa Medici, ein Haus mit Arztpraxen, Geschäften und einem Café.*

**Gesamtansicht**
**Pfarrhaus**
**Bonlanden aus der Luft**
**„Krone"**
**Gutenhalde**

*Blick auf Bonlanden von Westen.*

Bonlanden liegt „teils auf der Anhöhe, teils an den Abhängen des hier beginnenden Bombachtales." Treffend wurde so die Lage des am Rande des Schönbuchs gelegenen Ortes bereits 1851 charakterisiert. Auf der genannten „Anhöhe" stand im Mittelalter die Burg der Herren von Bonlanden, die bis heute durch Wall und Graben erkennbar ist und den Mittelpunkt des Dorfes bildet.

Der Name Bonlanden verweist darauf, dass der Ort im Zusammenhang mit der Rodung des Waldes entstanden ist – „Baumlanden".

Als Folge der „größtenteils unergiebigen Böden" gingen im 19. Jahrhundert viele Männer „als Bauarbeiter auf Saisonarbeit, während die Frauen neben der Bestellung der kleinen Landwirtschaft Leinenweberei betrieben." Eine andere Erwerbsquelle war die Herstellung und der Vertrieb von Bürsten und Besen. 1905 notierte der Bonländer Pfarrer: „Seit der Eröffnung der Filderbahn wächst die Zahl der Industriebevölkerung von Jahr zu Jahr. Ein beträchtlicher Teil der Einwohner sucht sein Brot in Stuttgart zu verdienen." In den 1920er und 1930er Jahren wandelte sich Bonlanden zur Arbeiterwohngemeinde.

Nach dem Zweiten Weltkrieg entstanden zahlreiche neue Wohngebiete. Seit den 1960er Jahren wurde in großem Stil Industrie angesiedelt. Mit der Fertigstellung der B 27 hat das Bonländer Industriegebiet einen hervorragenden Verkehrsanschluss. Gleichzeitig wurden zwischen Bonlanden und Plattenhardt ein Schulzentrum sowie Sportstätten und das Freizeit- und Erlebnisbad Fildorado gebaut.

1989 konnte der Ortskern zwischen Heimatmuseum, Wette und Oberdorfstraße saniert und zu einem baulichen Schmuckstück in Filderstadt umgestaltet werden.

*Das Erdgeschoss des heutigen Pfarrhauses hat Mauern von einem Meter Dicke; hier stand einst die Burg der Herren von Bonlanden, deren Wall- und Grabenanlage bis heute beeindruckt und in dieser Form in unserer Region von großer Seltenheit ist. Dem Burgherren, dem Ritter Wolfelin von Bonlanden, verdankt Bonlanden seine früheste Erwähnung (1269) sowie sein Ortswappen.*

*Rechte Seite: Blick auf den Ortskern von Süden.*

*Historisches Wirtshausschild der „Krone".*

*Der Gutshof Gutenhalde, erbaut 1946 bis 1948. Die Gebäude werden heute durch die Sozialtherapeutische Gemeinschaft genutzt. Der Hof wurde durch seine denkmalgerechte Sanierung zu einem Schmuckstück.*

**Georgskirche**
**Heimatmuseum**
**Alfons Fügel**
**Kelter**

*Georgskirche von 1472.*
*Im Ortskern hat sich ein sehenswertes Ensemble von Kirche, Pfarrhaus und Fachwerkhäusern erhalten.*
*Im Zuge der Ortskernsanierung wurde eine verkehrsberuhigte Zone mit Wette und Wasserrinne als belebende Elemente eingerichtet.*

*Das Bonländer Rathaus wurde 1563 erbaut, es beherbergt heute das Heimatmuseum.*

*Der berühmteste Bonländer ist der Opernsänger Alfons Fügel (1912–1960), er wurde als Sohn eines Plattenlegers in Bonlanden geboren. Ab 1935 erhielt er eine Gesangsausbildung und kam an die Opernbühnen in Ulm, München und Graz. Er zählte in den 1940er Jahren zu den berühmtesten deutschen Tenören.*

*Die Kelter erinnert daran, dass bis in die 1970er Jahre in Bonlanden Weinbau betrieben wurde. Heute dient sie als Vereinsheim des Schwäbischen Albvereins, der sie auch bewirtschaftet.*

**Herma**
**Wohngebiet Bonlanden Nord**
**Fildorado**
**Liebfrauenkirche**
**Bonländer Baum**

*Moderne Industriearchitektur der Firma Herma.*

*Modernes Wohnen im Bonländer Norden.*

Oben: Das Fildorado, fertiggestellt 2006 – eines der modernsten Freizeit- und Erlebnisbäder in Süddeutschland.

Links: Die katholische Liebfrauenkirche von 1958 ist die älteste katholische Kirche in Filderstadt. Seit 2008 besteht die katholische Seelsorgeeinheit Filderstadt.

Rechts: Bonländer Baum von Waldemar Beck und Herbert Häbich.

**Mit Albpanorama**

**Ansicht von Südosten**

**Luftbild**

*Harthausen mit Panorama der Schwäbischen Alb. Schon Mörike sprach von der Schwäbischen Alb als der „blauen Mauer", in Harthausen wird dies besonders gut sichtbar.*

*Harthausen von Südosten.*

*Harthausen von Süden.*

Harthausen – der Name leitet sich von „Hart" = Wald ab, er bedeutet also nichts anderes als „Häuser am Wald". Wegen seiner kleinen Gemarkung war der Ort recht arm, war doch die Grundsteuer einst eine der Haupteinnahmequellen der Gemeinden. Nicht umsonst hießen die Harthäuser „Kuahschelle" oder „Mockele" (kleine Kühe), hatten sie doch als Zugtiere nur Kühe und keine Pferde. Zudem betrieben sie vor allem im 19. Jahrhundert Handel mit Rindvieh.

Entlang der Harthäuser Hauptstraße finden sich meist kleine Häuser, sogenannte „Seldner-Häuser", in denen Kleinbauern mit einem handwerklichen Nebenerwerb lebten; seit dem 19. Jahrhundert verdingten sich viele Harthäuser als Saisonarbeiter im Bauhandwerk.

Die 1897 fertiggestellte Filderbahn bedeutete zwar eine Verbesserung, allerdings lag der Bahnhof Bernhausen nicht weniger als fünf Kilometer entfernt. Erst die 1925 eröffnete Buslinie nach Stuttgart bedeutete den direkten Anschluss von Harthausen an öffentliche Verkehrsmittel.

In den Jahrzehnten nach dem Zweiten Weltkrieg hatte Harthausen – gemessen an der Einwohnerzahl – den stärksten Bevölkerungszuwachs aller fünf Stadtteile. Die Einwohnerzahl stieg von 600 Einwohner auf heute über 4 000. In der Tat ist Harthausen heute wegen des schönen Panoramablicks auf die Schwäbische Alb eine begehrte Wohnlage. Gleichzeitig wurden in der Nachkriegszeit umfangreiche Anstrengungen für den Bau von Schulen und Kindergärten, Sportstätten und einer Kleinschwimmhalle unternommen, neue Wohngebiete wurden errichtet und ein Industriegebiet ausgewiesen.

**Gewerbeschau**
**Lindenschule**
**Marktplatz**
**Kirche**
**Drei Linden**
**Kirche St. Josef**

*Gewerbeschau in Harthausen: Der örtliche Einzelhandel und das Handwerk unternehmen große Anstrengungen, um die Kaufkraft im Ort zu halten.*

*Auf dem neu gestalteten Marktplatz in Harthausen findet nicht nur der Wochenmarkt statt, er ist auch ein beliebter Treffpunkt für Festivitäten wie das im Juni stattfindende Marktplatzfest.*

*Die Lindenschule – die Harthäuser Dorfschule von 1907.*

*Die 1838 erbaute evangelische Kirche ist in einem schlichten, spätklassizistischen Stil ausgeführt („Kameralamtsstil"). Kennzeichen dieses Stils ist ein einfacher Saalbau ohne Chor mit streng symmetrischer Innenausstattung. Harthausen ist eine der letzten spätklassizistischen Kirchen, bevor sich der neugotische Kirchenbaustil durchsetzte.*

*Drei Linden (434 m über N.N.), das Wahrzeichen von Harthausen. Allerdings musste 1999 eine der Linden ersetzt werden.*

*Katholische Kirche St. Josef, erbaut 1968.*

**Antholianuskirche**
**Luftbild**
**Gesamtansicht**

Antholianuskirche. Bei Renovierungsarbeiten wurden 1964 die Fundamente der romanischen Vorgängerkirche freigelegt. Die ältesten Teile sind der spätgotische Chor von 1479 und das Langhaus von 1521; der Turm in seiner heutigen Form stammt von 1787. Eine Besonderheit ist das gotische Kruzifix von 1510.

Mörike, das Gedicht von der Feuerwehr und der Uhlbergturm – das sind Stichworte, die landläufig mit Plattenhardt in Verbindung gebracht werden und den Ort bekannt gemacht haben.

Plattenhardt entwickelte sich entlang der Schönbuchkante und erhielt deshalb die Form eines „Straßendorfes" („Grad so lang wie Platterdt"). Der Ortsname bedeutet „platter Wald", in der Tat bestehen 37 Prozent der Gemarkung aus Wald.

Oberhalb des Ortes, direkt am Rande des Schönbuchs, stand bis 1287 eine Burg der Herren von Bernhausen, um die sich so manche Sage gebildet hatte.

Aufgrund der weniger fruchtbaren Böden gehörte Plattenhardt eher zu den ärmeren Gemeinden der Filder, dessen Bewohner sich zur Landwirtschaft etwas hinzuverdienen mussten: Schon 1851 zählte man über 100 Bauhandwerker, „welche den Sommer meistens in Stuttgart" arbeiteten. Andere suchten ihr Heil in der Auswanderung nach Amerika, wie der Erfinder Jacob Brodbeck, „The father of US-Aviation". Aus Plattenhardt selbst sind so manche Innovationen zu berichten: 1925 wurde in der Uhlbergstraße ein riesiges Fabrikgebäude mit expressionistischen Bauelementen errichtet, in den 30er Jahren gab es einen Segelfliegerverein, Ende der 50er Jahre fanden in Plattenhardt die Europameisterschaften im Windhund-Rennen statt.

Nach dem Zweiten Weltkrieg nahm auch Plattenhardt am allgemeinen Aufschwung teil, es entstanden neue Wohn- und Industriegebiete. Oberhalb von Plattenhardt, im Weilerhau, wurden eine Schule, ein Kleinschwimmbad, Sporthallen und neue Wohngebiete errichtet. Hier befindet sich auch die Tennishalle, die den Namen Filderstadt durch den bis 2005 hier stattfindenden Tennis Grand Prix der Damen international bekannt gemacht hat.

*Plattenhardt von Südosten.*

*Blick auf Plattenhardt von Osten.*

**„Schnecken"**
**Feuerwehr**
**Pfarrhaus**
**Jacob Brodbeck**
**Eduard Mörike und Luise Rau**

**„D' Fuierwehr vo' Plattahardt"**

*„Ich – ben der Jakoble. Ond mei' Graußvatter, der war der gscheitschte Ma' vo' ganz Plattahardt ...". So beginnt die Geschichte „D' Fuierwehr vo' Plattahardt" aus der „Schbatzaweisheit" von Martin Lang aus dem Jahr 1912, welche den Ort im ganzen Land bekannt gemacht hat. Dieser Geschichte verdanken die Plattenhardter die Necknamen „Fuierwehrleit" oder „Kröpf".*

*Der „Schnecken" erhielt seinen Namen durch die Wendeltreppe, dieses Bauernhaus wurde 1553 erbaut und 1578 erweitert, seit seiner denkmalgerechten Renovierung 1998 befindet sich hier ein Speiselokal.*

Wochenmarkt im Ortskern von Plattenhardt. Im Hintergrund das Pfarrhaus, in dem 1829 Eduard Mörike wohnte.

**Jacob Brodbeck (1821–1910)**

*Er wanderte in die USA aus und konstruierte 1865 als Erster ein manntragendes Propellerflugzeug. Der Erfolg blieb ihm allerdings versagt – es fehlte noch ein geeigneter Antrieb. Der Verbrennungsmotor wurde bekanntlich erst später erfunden und 1903 durch die Gebrüder Wright für das Propellerflugzeug nutzbar gemacht. In den USA gilt Brodbeck als „Vater der amerikanischen Luftfahrt".*

*Eduard Mörike war hier 1829 für acht Monate Pfarrvikar und verlobte sich mit der Plattenhardter Pfarrerstocher Luise Rau. Seine Briefe und Gedichte an Luise Rau zählen nach Einschätzung von Fachleuten zur Weltliteratur. Ein Gedenkstein von Markus Wolf erinnert an Eduard Mörike und Luise Rau.*

**Uhlbergturm**
**Bürgerhaus**
**Steinkreuze**
**Untere Kleinmichelesmühle**

*Der Uhlbergturm (469 m über N.N.) wurde 1963 vom Schwäbischen Albverein erbaut. Bereits 1903 war hier ein Aussichtsturm aus Holz errichtet worden. Der Turm bietet eine hervorragende Aussicht auf den Schönbuch und die Schwäbische Alb. Er wird heute vom Schwäbischen Albverein Plattenhardt bewirtschaftet.*

*Das Bürgerhaus Plattenhardt – 2003 gemeinsam durch Privatleute und die Stadt Filderstadt erbaut – umfasst einerseits Geschäfte und Arztpraxen, andererseits eine Zweigstelle der Stadtbibliothek, einen Bürgersaal sowie Vereinsräume.*

*Der Sage nach waren diese Kreuze Gedenkkreuze für die sieben Söhne des Ritters von Plattenhardt, die hier in Streit gerieten und sich gegenseitig erschlugen. Tatsächlich handelt es sich um spätmittelalterliche Sühnekreuze (wohl aus dem 15. Jahrhundert), die zur Sühne für eine Straftat vom Täter gesetzt werden mussten.*

*Zwei Mühlen des Siebenmühlentals liegen auf Plattenhardter Gemarkung. Die ältere, 1588 erbaute Untere Kleinmichelesmühle (Bild) wurde 1907 zur Sägemühle umgebaut. Die 1709 erbaute Obere Kleinmichelesmühle fungierte noch bis in die 1970er Jahre als Getreidemühle.*

**Martinskirche**
**Luftbild**
**Ansicht von Nordwest**

„Die im Allgemeinen bemittelten Einwohner sind äußerst fleißig, häuslichen und kirchlichen Sinnes; sie leben sehr zurückgezogen und besuchen selten das Wirtshaus. Die Landwirtschaft, welche die Hauptnahrungsquelle der Einwohner bildet, wird mit Umsicht betrieben." Soweit die Charakterisierung von Sielmingen aus dem Jahr 1851. In jener Zeit bestand Sielmingen noch aus zwei getrennten Dörfern, Unter- und Obersielmingen. Der alte Kern von Untersielmingen umfasste die Martinskirche und das Rathaus, der Ort zog sich entlang der Sielminger Hauptstraße; Obersielmingen erstreckte sich hauptsächlich innerhalb des Dreiecks Enge Straße – Kapellenstraße – Lange Straße mit der gotischen Kapelle als Mittelpunkt.

Erst 1923 vereinigten sich beide Gemeinden, sie sind inzwischen durch die Siedlungsentwicklung zusammengewachsen.

Seit dem Bahnanschluss 1897 nahm die Zahl der Pendler zwar zu, doch blieb Sielmingen bis in die 1950er und 1960er Jahre landwirtschaftlich geprägt. Grund war die große Markung und die fruchtbaren Böden.

Wenn auch inzwischen die Zahl der Landwirte stark rückläufig ist, haben sich viele dörfliche Eigenschaften noch erhalten: In Sielmingen herrscht ein sehr lebendiges Vereinsleben, das sich vor allem im jährlichen Kirchplatzfest präsentiert. Das moderne Bürgerhaus „Sonne" als Forum für die verschiedensten Aktivitäten der Vereine verfügt aber auch über eine Bühne für kulturelle Veranstaltungen, vor allem Kleinkunst- und Konzertveranstaltungen.

*Die Sielminger Martinskirche stammt von 1489, das Kircheninnere erlebte im Laufe der Jahrhunderte zahlreiche Veränderungen. Die barocke Turmhaube wurde 1754 errichtet, nachdem ein Blitzschlag die alte gotische Turmspitze zerstört hatte.*

*Links: Eingangsportal der Martinskirche mit dem Jahr der Erbauung 1489.*

*Sielmingen von Südosten.*

*Blick auf Sielmingen,*
*im Hintergrund die Schwäbische Alb.*

**„Hahnen"**
**Gedenkstein Hahn**
**Rathaus Obersielmingen**
**Bei der Kirche**
**„Sonne"**

Das Gasthaus „Zum Hahnen" – Gastwirtschaft seit 1817 – ist eines der ältesten Wirtshäuser in Filderstadt.

*Dieser Gedenkstein von Markus Wolf erinnert an den Schultheißen Jörg Hahn und seine berühmten Nachfahren, zu denen auch der Erfinderpfarrer Philipp Matthäus Hahn, der Ingenieur Wilhelm Maybach, der Dichter Eduard Mörike, der Philosoph Hegel oder der ehemalige Bundespräsident Theodor Heuss gehören.*

*Das neobarocke Rathaus von Obersielmingen, erbaut 1911: Nach nur zwölf Jahren verlor es im Zuge der Gemeindereform von 1923 seine Funktion, als die beiden Dörfer Ober- und Untersielmingen vereinigt wurden.*

*Die Sielminger Kirche ist von einem Ring alter Bauernhäuser umgeben, links die Sielminger Zehntscheuer aus dem Jahr 1534, in der Bildmitte ein Bauernhaus von etwa 1590. Alljährlich findet in diesem Ambiente das „Sielminger Kirchplatzfest" statt.*

*Wirtshausschild der früheren Gaststätte „Sonne"; heute steht hier das 1987 fertiggestellte Bürgerhaus „Sonne", von zahlreichen Vereinen und für kulturelle Veranstaltungen genutzt.*

**Dietrich-Bonhoeffer-Gymnasium**

**Jugendverkehrsschule**

**Krautfabrik**

**Streuobstwiesen**

**Festzug**

*Das Dietrich-Bonhoeffer-Gymnasium im Sielminger Emerland weist eine bemerkenswerte Architektur auf. Es entstand 2003 nach den Plänen des Augsburger Architekturbüros Löhle & Neubauer.*

*Weit über die Grenzen Filderstadts hinaus ist der Verkehrsübungsplatz und die Jugendverkehrsschule bekannt. Sie werden durch den Motorsportclub Sielmingen (MSC) betrieben. Hier erhalten Schulkinder der 4. Klasse Verkehrsunterricht und machen zum Abschluss eine Prüfung für den Fahrrad-Führerschein.*

*„Mir seiet von Sielminge ond häbet Kraut", so lautete früher der Ruf der Sielminger Bauern, die ihr Kraut in ganz Württemberg verkauften. Bei ihren Nachbarn hatten die Sielminger den Necknamen „Doorschich" (schwäbischer Ausdruck für „Strunk"). Bis heute gibt es in Sielmingen Landwirte, die ihr Kraut und Feingemüse an Großabnehmer wie Supermärkte, Wochenmärkte oder Kantinen selbst ausliefern. Die größte Krautfabrik der Filder befindet sich im Übrigen in Sielmingen.*

*Die zahlreichen Obstbaumwiesen erinnern daran, dass die Sielminger den Necknamen „Rüabamoschter" erhielten. Angeblich soll beim Mosten in einem obstarmen Jahr ein Sielminger dem Obst Rüben zugesetzt haben.*

*Die Zahl der Landwirte geht zwar kontinuierlich zurück, dennoch wird die Erinnerung an den einst bäuerlichen Charakter von Sielmingen bei Festen und Umzügen noch gepflegt.*

**Steppach-Stausee**
**Haberschlaiheide**
**Bombachtal**
**Bärensee**

Der Steppach-Stausee ist trotz seiner Nähe zum Flughafen ein wertvoller Biotop für Vögel aller Art.

Filder ist die alte Pluralform für Feld und bezeichnet eine nach Osten abfallende fruchtbare Ebene, die von Neckar und Aichtal begrenzt wird. Es ist uraltes Siedlungsland: 1990 wurden bei Bernhausen Reste einer jungsteinzeitlichen Siedlung aus der Zeit 5 000 v. Chr. entdeckt. Weitere Funde aus der Bronze-, Hallstatt-, der Römer- und Alemannenzeit zeugen von einer jahrtausendealten, durchgehenden Besiedlung.

Die Filder waren lange Zeit eine der Kornkammern Württembergs, vor allem galten sie als „Vorratskammer der Residenzstadt Stuttgart".

Auch wenn in den letzten 50 Jahren ein nie dagewesener Flächenverbrauch durch Wohn-, Gewerbe- und Verkehrsflächen stattgefunden hat, so sind sie trotzdem von der Landwirtschaft geprägt. Dies verdanken sie neben den genannten natürlichen Gunstfaktoren der günstigen Marktlage innerhalb der Region Stuttgart. Ein markanter Wandel ist beispielsweise der starke Rückgang der Streuobstwiesen, noch bis zum Zweiten Weltkrieg waren die Dörfer von einem breiten Gürtel von Streuobstwiesen umgeben.

Die mehrmalige Erweiterung des Flughafens, der Bau der Landesmesse, die Ausweisung von Neubaugebieten sowohl für Wohn- als auch für Gewerbezwecke und neue Straßen lassen den Raum immer enger werden. Der Charakter der früher rein bäuerlichen Gemeinden hat sich grundlegend geändert.

Dennoch finden Spaziergänger auf der Filderebene und vor allem im Schönbuch ausgedehnte Wandermöglichkeiten, als Beispiele seien hier nur das Bombachtal, der Bärensee oder der Uhlberg genannt.

Durch die Beweidung mit Schafen entstand die auf den Fildern einzigartige Wacholderheide Haberschlai in Bonlanden. Hier wurden 30 Vogelarten gezählt.

*Das Bombachtal bei Bonlanden.*

*Blick auf Bonlanden.*

*Im Bernhäuser Forst wurde 1971 der „Bärensee" angelegt. Er ist heute ein beliebtes Ausflugsziel und ein ökologisch wertvoller Lebensraum für Pflanzen und Tiere.*

**Linde bei Bernhausen**

**Pappelallee**

**Streuobstwiesen**

**Agrarlandschaft**

*Linde im Gewann „Esslinger Weg", im Hintergrund Sielmingen.*

*Pappelallee bei Bonlanden, im Hintergrund das Reutewiesental.*

*Streuobstwiesen am Haberschlai.*

*Vielfältige Agrarlandschaft bei Sielmingen,
im Hintergrund der Schurwald und die drei Kaiserberge.*

**Streuobstwiesen**
**Apfelsaft**
**Voltaik-Anlage**
**Haberschlaiheide**

Die rasanten Veränderungen auf den Fildern haben innerhalb kurzer Zeit zu einem großen Flächenverbrauch geführt, verursacht durch die Siedlungs- und Verkehrsentwicklung. Aus diesem Grund spielt das Thema Ökologie eine wichtige Rolle. Als eine der ersten Städte in Baden-Württemberg begann 1985 in Filderstadt ein Umweltreferent mit seiner Arbeit. Seit 1991 besteht als beratendes Gremium der Umweltbeirat, der sich aus Vertretern verschiedener Umweltgruppen, Landwirten und Mitgliedern des Gemeinderats zusammensetzt.

Noch bis in die 1940er Jahre waren zahlreiche Filderorte von einem Gürtel von Streuobstwiesen umgeben, sie fielen jedoch vielfach neuen Wohn- und Gewerbegebieten zum Opfer. Inzwischen hat man die wichtige ökologische Funktion dieser 250 Hektar umfassenden Obstbaumwiesen in Filderstadt erkannt, insbesondere für die Vogelwelt, das Kleinklima und die Naherholung.
Um die dauerhafte Erhaltung dieses Bestandes zu fördern, wird eigens der „Filderstädter Apfelsaft" hergestellt.

Eine weitere Maßnahme ist der Museumsobstgarten beim Bildungszentrum Seefälle, in dem alte Obstbaumsorten von den Fildern gesammelt und gepflanzt werden.

Im Jahr 2008 wurde ein spezielles Netzwerk zum Schutz der Streuobstwiesen gegründet.

*Obsternte auf den Streuobstwiesen.*

*Annahme von Obst zur Herstellung von Apfelsaft.*

*Auch in Filderstadt gibt es inzwischen zahlreiche Solaranlagen als Beitrag zum Klimaschutz. Die größte ihrer Art befindet sich auf dem Gelände der ehemaligen Deponie Ramsklinge.*

*Die Haberschlaiheide in Bonlanden wird regelmäßig durch den Schwäbischen Albverein Bonlanden gepflegt.*

**Beschilderungen**
**Radtour**
**Bürgerschaftlich Engagierte**
**Lesepaten**
**Seniorenberatung**

Zum Schutz der Umwelt und zur Verbesserung der Wohnqualität bemüht sich Filderstadt auch um die Verringerung des Autoverkehrs. „Filderstadt fährt Rad" lautet deshalb das Motto. Mit den verschiedensten Projekten wie Plakataktionen, „Fahrrad-Spektakeln", Begleitprogramm zum autofreien Sonntag oder geführten Radtouren wirbt die Stadt für dieses umweltfreundliche Verkehrsmittel.

*Rund 75 Kilometer Radrouten sind ausgeschildert, um die Menschen dazu zu ermuntern, das Rad zu benutzen.*

*Filderstadt fährt Rad.*

*„Wir sind Filderstadt" – das Motto der Bürgerbeteiligung.*

Seit 2000 gibt es in Filderstadt das Referat für Bürgerbeteiligung und Stadtentwicklung, das sich die strategische und konzeptionelle Entwicklung, die Umsetzung und Dokumentation der Bürgerbeteiligung zum Ziel gesetzt hat.
Sie steht in Filderstadt unter dem Motto „Wir sind Filderstadt – mitdenken, mitreden, mitmachen".

Neben einem Jugend-FORUM und einem „FORUM aktiv älter werden" hat das Referat für Bürgerbeteiligung ein Mentorennetzwerk aufgebaut, bei dem jährlich Bürgermentoren ausgebildet werden. Eine Freiwilligenagentur vermittelt interessierten Bürgerinnen und Bürgern Aufgaben in Projekten, Vereinen und Einrichtungen, in denen sie sich engagieren können.

Zur Bürgerbeteiligung gehört auch die Durchführung von Bürgerbeteiligungsprozessen in allen Handlungsfeldern, die die Bürgerinnen und Bürger an der Entwicklung der Stadt teilhaben lässt.

*Projekt Lesepaten: Erwachsene lesen Grundschülern vor.*

*Seniorenberatung durch Ehrenamtliche.*

**Kindergarten**
**Außenbereich**
**Jugendfarm Rutsche**
**Jugendfarm Tiere**

Die Bevölkerungsstatistik zeigt es: Filderstadt ist eine junge Stadt. Durch den Zuzug vor allem jüngerer Familien liegt der Anteil der 25- bis 45-Jährigen erheblich über dem Landesdurchschnitt.

Die qualitative und quantitative Weiterentwicklung der Kinderbetreuung ist ein Schwerpunkt der städtischen Sozialpolitik. Mit über 30 Kindertageseinrichtungen mit unterschiedlichen Betriebsformen – von der Kinderkrippe bis zum Schülerhort – nimmt Filderstadt mittlerweile im Landesdurchschnitt einen Spitzenplatz ein.

Auch außerhalb der Kindergärten ist für Kinder gesorgt: Nicht weniger als 45 öffentliche Spielplätze stehen den Filderstädter Kindern zur Verfügung.

*Die Kindergärten bieten mit ihrer Raumgestaltung und den Außenanlagen vielfältige Anregungen zur Entwicklung der frühkindlichen Bildung.*

Pferde, Ponys, Schafe, Ziegen, Hasen, Meerschweinchen, Hühner und Katzen zählen zu den Bewohnern der Jugendfarm. Dieser „Kinderbauernhof" entstand 1986 aus einem ehemaligen Aussiedlerhof am Ortsrand von Bonlanden.

Für die Kinder stehen dort ein Hüttenbauplatz mit einem Kletterturm und ein Reitplatz sowie Aufenthaltsräume mit Küche, ein Werkraum und eine Holz- und Fahrradwerkstatt zur Verfügung. Die Jugendfarm ist eine Einrichtung der offenen Jugendarbeit. Betreut werden die Mädchen und Jungen von hauptamtlichen Pädagoginnen und Pädagogen, die auch die verschiedensten Aktivitäten organisieren.

Die Jugendfarm wird von einem Verein getragen, der von der Stadt finanzielle Unterstützung erhält.

*Die Jugendfarm ist mehr als ein Abenteuerspielplatz, man kann auch Hütten bauen, sich in der Holz- oder Fahrradwerkstatt betätigen.*

*Eine beliebte Möglichkeit für Kinder ist der Umgang mit Tieren.*

**Jahnschule**
**Unterricht**
**Eduard-Spranger-Gymnasium**
**Waldorfschule**
**Big Band**
**Bildungszentrum Seefälle**
**Festzug**

Für die rund 5 000 Schülerinnen und Schüler bietet Filderstadt alle allgemeinbildenden Schulen an: Neben den drei Grundschulen, drei Grund- und Hauptschulen sowie einer Förderschule befinden sich in Filderstadt die Fleinsbachschule (Realschule) in Bernhausen und die Realschule Bildungszentrum Seefälle in Bonlanden. Am geographischen Schnittpunkt der fünf Stadtteile liegt südlich von Bernhausen das Eduard-Spranger-Gymnasium, seit 2003 gibt es im Sielminger Emerland ein zweites Gymnasium, das Dietrich-Bonhoeffer-Gymnasium.

Außerdem hat Filderstadt eine Waldorfschule, die auf der Gutenhalde bei Bonlanden untergebracht ist.

Seit 2006 findet in der Hauptschule Bildungszentrum Seefälle ein Ganztagesschulbetrieb statt. Verschiedene Filderstädter Institutionen wie Volkshochschule, Kunst- und Musikschule, Umweltschutzreferat, Jugendzentrum „Z", Jugendfarm, Vereine und Firmen sorgen für ein abwechslungsreiches Angebot.

An allen Filderstädter Grundschulen gibt es für die Schülerinnen und Schüler die Möglichkeit einer Kernzeitenbetreuung mit Mittagessensangebot, in jedem Stadtteil gibt es eine Betreuungsgruppe bis 17 Uhr.

Dass Schule nicht nur „Pauken" bedeutet, zeigen die vielfältigen Schulaktionen.

Es bestehen mehrere Partnerschaften mit Schulen in Frankreich, Großbritannien, Italien, den USA sowie der Partnerstadt Poltawa in der Ukraine. Weiterhin gibt es verschiedene Musik- und Theaterensembles und zahlreiche Arbeitsgemeinschaften.

*Auf der Gutenhalde bei Bonlanden befindet sich eine einzügige Waldorfschule mit ca. 460 Schülerinnen und Schülern aus Filderstadt und Umgebung.*

*Die Big Band der Fleinsbachschule Bernhausen hat sich inzwischen auch über Filderstadt hinaus einen guten Ruf erworben.*

*Ganztagesschule der Haupt- und Werkrealschule im Bildungszentrum Seefälle Bonlanden.*

*Schülerinnen und Schüler der Wielandschule Sielmingen bei einem Festzug.*

**Jugendgemeinderat**
**Spielmobil**
**Sport am Fließband**
**Sommerferienprogramm**

Als erste Stadt in der Bundesrepublik führte Filderstadt 1987 die direkte Wahl eines Jugendgemeinderats durch. Alle Jugendlichen zwischen 14 und 17 Jahren haben das aktive und passive Wahlrecht. Die Themen zu den Sitzungen werden aus den Reihen des Jugendgemeinderats eingebracht und beraten. Hierzu gehörten in der Vergangenheit beispielsweise Radwege, eine Jugendbefragung, öffentlicher Nahverkehr oder die Freizeitmöglichkeiten für Jugendliche. Daneben tritt der Jugendgemeinderat als Veranstalter von Podiumsdiskussionen, Sportturnieren, Konzerten, Kabaretts sowie von Discos auf.

Das Kinder-, Jugend- und Kulturzentrum „Z" ist eine offene Kinder- und Jugendeinrichtung des Kreisjugendrings Esslingen und der Stadt Filderstadt. Hier finden Kinder und Jugendliche im Alter von sechs bis 18 Jahren entsprechende Angebote und haben zeitgemäße Räume zur Verfügung, um sich mit Gleichaltrigen zu treffen.

Neben dem normalen Cafébetrieb mit Tischfußball und Billard verfügt das „Z" über verschiedene Werkstätten, in denen Schweißkurse, Siebdruck-, Töpfer- und Zweiradreparaturkurse stattfinden; weitere Möglichkeiten zur Entfaltung der Kreativität schaffen die beiden Probenräume, welche Nachwuchsbands zu festen Terminen nutzen können. Ein Internetcafé verbindet das „Z" mit dem Rest der Welt. Hier können auch Fotos bearbeitet und Hausaufgaben für die Schule gemacht werden.

Die hauptamtlichen sowie eine große Zahl von ehrenamtlichen Mitarbeiterinnen und Mitarbeitern sorgen für ein buntes Programm, zu dem Konzerte, Theater, Discos usw. gehören. Außerdem stellt das „Z" seine Räume für Kindergeburtstage, Klassenparties oder Ähnliches zur Verfügung.

Im offenen Mädchentreff „Milchhäusle" in Plattenhardt können Mädchen ganz unter sich sein und mal ohne Jungs z.B. den Tischkicker ausprobieren.

Die Mobile Jugendarbeit ist für Jugendliche in Filderstadt unterwegs. Die Streetworker kommen in die Schulen und an die Treffpunkte der Jugendlichen, um Kontakte zu knüpfen. Sie unterstützen und begleiten Jugendliche bei der Vermittlung von Raumangeboten und bei der Freizeitgestaltung, aber auch in schwierigen Lebenssituationen wie z.B. bei der Arbeits- oder Lehrstellensuche. In jedem Stadtteil werden Räume angeboten, im „Fuzo" in Bernhausen, im „Jugendhäusle" in Bonlanden, im „Bauwagen" in Harthausen, im „Milchhäusle" in Plattenhardt und in der „Zirkuskarre" in Sielmingen.

*Sitzung des Jugendgemeinderats im Kinder-, Jugend- und Kulturzentrum „Z".*

Seit 1979 organisiert die Stadt Filderstadt ein umfangreiches Sommerferienprogramm für Kinder und Jugendliche. Durchgeführt wird es von Vereinen, Kirchen, sonstigen Organisationen und Firmen. Zum Programm während der großen Ferien gehören u.a. ein Auftaktfest, zahlreiche Kreativ- und Bastelangebote, Sport und Spiel sowie Ausflüge. Für ältere Menschen werden z.B. Besichtigungen und Wanderungen angeboten.

Seit 2004 bieten das Kinder-, Jugend- und Kulturzentrum „Z" und die Jugendfarm eine verlässliche Ferienbetreuung an. Daneben gibt es weitere Ferienbetreuungsangebote kirchlicher Träger sowie diverser Bildungseinrichtungen. Auf eine lange Tradition kann die Ferienbetreuung im evangelischen Waldheim Bernhäuser Forst am Rande des Schönbuchs zurückblicken, das von Kindern der gesamten Filder besucht wird.

*Auftaktveranstaltung des Sommerferienprogramms mit dem Spielmobil und der Zirkuskarre.*

*Bogenschießen beim „Sport am Fließband" – veranstaltet von der Kindersportschule.*

*Batiken im Rahmen des Sommerferienprogramms.*

**Siebenkampf der Damen**
**Fußball**
**Judo**
**Volleyball**
**Schülerwaldlauf**
**Gartenhallenbad Bernhausen**

Das Fleinsbachstadion in Bernhausen ist in Fachkreisen wegen seiner schnellen Laufbahn im In- und Ausland bekannt. Im Zehn- und Siebenkampf (früher Fünfkampf) wurden hier schon Europa- und Weltrekorde erzielt. Das internationale Leichtathletik-Juniorenmeeting erfreut sich großer Beliebtheit.

Dieses Stadion sowie alle anderen Sportstätten stehen dem sehr aktiven Vereinssport zur Verfügung, aus dem bereits eine ganze Reihe Spitzensportlerinnen und -sportler hervorgegangen sind.

Alle diese Erfolge wären nicht möglich gewesen, wenn nicht sowohl für den Breiten- als auch für den Spitzensport entsprechende Trainingsstätten zur Verfügung ständen: 18 Turn- und Sporthallen sowie 12 städtische Sportplätze und sechs Tartanspielfelder, die Woche für Woche genutzt werden können.

Filderstadt ist aber auch Schauplatz von Sportereignissen des Spitzensports. Zu den sportlichen Höhepunkten zählen die internationalen Pfingstturniere in Plattenhardt und Bonlanden, der Halbmarathon im Oktober in Bernhausen sowie das „Rad-Kriterium" um den LBS-Cup in Plattenhardt im Juli. Schließlich ist die Beach-Volleyball-Anlage im Fildorado Austragungsort von Württembergischen und sogar schon Deutschen Meisterschaften.

Um sowohl dem Breiten- als auch dem Spitzensport optimale Bedingungen bieten zu können, wurde 1992 die Sportgemeinschaft Filderstadt e.V. gegründet, der sieben Sport- und Radfahrvereine aus den fünf Stadtteilen angehören.

Die Kindersportschule (KISS) – ein Angebot der Sportgemeinschaft Filderstadt e.V. – bietet in allen fünf Stadtteilen Kindern im Alter von vier bis zehn Jahren ein sportartenübergreifendes und vielseitiges Angebot unter Anleitung von professionellen Sportpädagogen.

Wer sich dem Schwimmsport verschrieben hat, dem stehen in mehreren Stadtteilen verschiedene Schwimmbäder zur Verfügung, die auch intensiv von Vereinen und für den Schwimmunterricht der Schulen genutzt werden.

*Alljährlich finden im Bernhäuser Fleinsbachstadion internationale, z.T. hochkarätige Leichtathletik-Wettkämpfe im Zehn- und Siebenkampf statt.*

TSV

1

1708

## Fildorado

**Hallenbereich**
**Saunagarten**
**Architektur**
**Wellenbad**
**Freibad**

1978 wurde das Fildorado als eines der ersten Erlebnisbäder in Süddeutschland eröffnet. Das heutige, 2006 völlig neu gestaltete Fildorado bietet mit seiner Architektur und seinen Attraktionen alles rund um das Element Wasser.

Der Kernbereich umfasst ein Sportbecken, ein Thermalbecken mit 34 °C im Außenbereich, ein Wellenbad, einen Strömungskanal sowie zwei über 100 m lange Rutschen, darunter eine „Blackhole-Rutsche". Eine besondere Attraktion ist die Schanzenrutsche.

Daneben gibt es einen 5 000 qm großen Saunabereich mit neun verschiedenen Schwitzräumen, Farblicht-Stimulation und exquisiten Ruheräumen. Ein dritter Bereich ist der Fitness-Club, wo man neben Kraft- und Cardio-Training auch ein Kursangebot nach einem individuellen Trainingsplan und mit kontinuierlicher Betreuung wahrnehmen kann.

Für den Sommer bietet das Fildorado ein Freibad mit großen Liegewiesen und vielfältigen Freizeiteinrichtungen, z.B. eine Beach-Volleyball-Anlage, auf der regelmäßig Meisterschaften ausgetragen werden.

*Hallenbereich mit Strömungskanal und Schanzenrutsche.*

*Der umfangreiche Saunabereich umfasst insgesamt 5 000 Quadratmeter.*

*Auch die Architektur des Fildorados, entworfen durch das Büro Kauffmann Theilig & Partner, ist bemerkenswert.*

*Eine besondere Attraktion für Jung und Alt ist das Wellenbad.*

*Das Freibad mit großen Liegewiesen und vielfältigen Attraktionen.*

Zwei Institutionen stehen in Filderstadt für die Erwachsenenbildung: die Volkshochschule sowie die Familienbildungsstätte. Die Arbeit der Volkshochschule begann in den 1960er Jahren mit Ehrenamtlichen, seit 1987 wird sie hauptamtlich geleitet, seit 1993 ist sie eine städtische Einrichtung.

Die Familienbildungsstätte wurde 1973 als „Arbeitskreis für Bildung und Freizeit" in Bernhausen gegründet.

Die Volkshochschule mit Sitz in der Mörikeschule in Plattenhardt versteht sich nicht nur als Lernort, sondern auch als Bürgerforum mit den verschiedensten Projekten und Veranstaltungen als Forum von Begegnungen und Diskussionen, als Kultur- und Gesundheitszentrum. Sie unterstützt Menschen durch die Vermittlung von Schlüsselkompetenzen und ermöglicht die Aneignung erforderlicher Kenntnisse und Fähigkeiten. Damit verbessert die VHS die Beschäftigungschancen und erleichtert die berufliche Mobilität. Das Angebot erstreckt sich auf rund 1 450 Veranstaltungen mit etwa 18 000 Buchungen im Jahr.

Die andere Säule der Erwachsenenbildung ist die Familienbildungsstätte mit Sitz in der Alten Mühle in Bonlanden. Von ihrem Selbstverständnis her verfolgt sie den Anspruch „Familie lernen". Thematische Schwerpunkte sind demzufolge Gesundheit, Geburtsvorbereitung und Erziehungsfragen, aber auch Themen über Arbeit, Wohnen oder Umwelt.

*Zu den Kursangeboten der Familienbildungsstätte gehört auch die Säuglingspflege.*

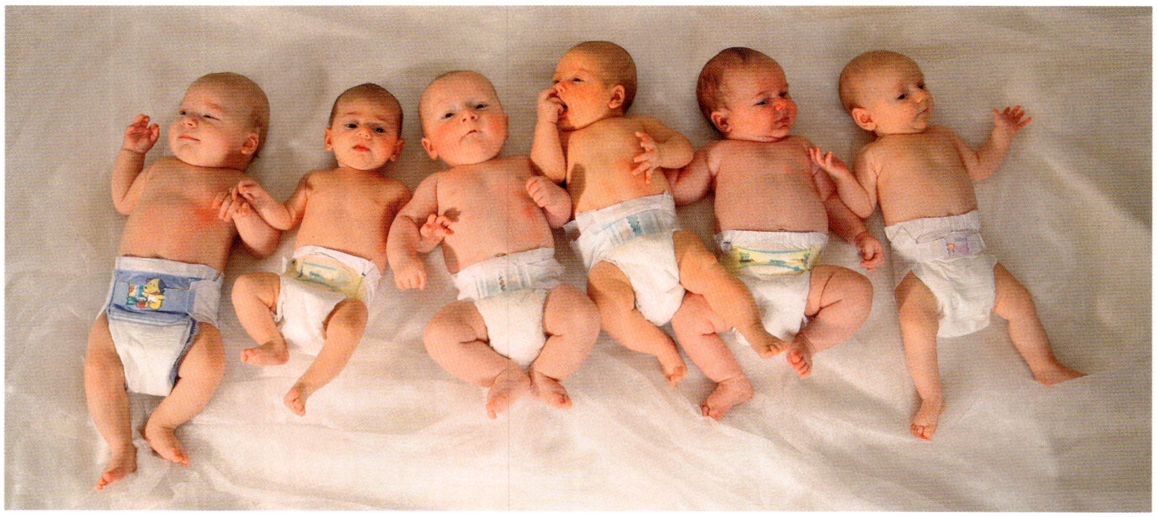

*Outdoor-Training am Hochseil.*

*Deutschkurse für Migrantinnen und Migranten.*

Trotz der Zunahme elektronischer Medien erfreut sich die Stadtbibliothek – gerade auch bei den Jüngeren – großer Beliebtheit. In der Zentralbibliothek in Bernhausen sowie in den vier ehrenamtlich betriebenen Außenstellen in den Stadtteilen können außer den rund 73 000 Büchern auch CDs, Videos, Spiele und Zeitschriften ausgeliehen werden. Die Bibliothek stellt ein umfangreiches Angebot an Medien für Beruf, Schule, Alltag und Freizeit zur Verfügung.

In Zusammenarbeit mit den Schulen betreibt die Bibliothek aber auch Leseförderung für Schulkinder. Hierfür ist eine eigene Medienpädagogin tätig, die mit den Schülern Bücherclubs, szenische Lesungen oder Theateraufführungen durchführt. Einmal jährlich findet ein Schulliteraturtag statt, bei dem Schriftsteller spezielle Lesungen für Schulklassen halten.

*Leseförderung und Medienpädagogik für Schulkinder ist ein besonderer Schwerpunkt.*

*Der bekannte Jugendschriftsteller Paul Maar, einst Lehrer am Eduard-Spranger-Gymnasium, bei einer Lesung in der Bibliothek.*

*Für die Informationsbeschaffung stehen den Bibliotheksbesucherinnen und -besuchern verschiedene Medien vom Buch bis zum Internet zur Verfügung.*

**Eingangsbereich**

**Gesamtanlage der Klinik von Süden**

**Geburtsstation**

**Luftrettung**

Die 1975 eröffnete und mehrmals erweiterte Filderklinik ist ein modernes Krankenhaus für Akut- und Ganzheitsmedizin.

Als Akutkrankenhaus verfügt die Filderklinik über Abteilungen in den Bereichen Anästhesie, Chirurgie, Frauenheilkunde und Geburtshilfe mit Neugeborenen-Intensivstation, Innere Medizin, Zentrum für Integrative Onkologie, Kinderheilkunde und Psychosomatik. Diagnostik und Therapie entsprechen dem neuesten Stand der Medizin. Darüber hinaus bietet die Filderklinik ihren Patienten therapeutische Angebote aus der anthroposophischen Medizin.

Als Krankenhaus der regionalen Versorgung behandelt die Filderklinik vor allem Menschen aus der Region, aber ebenso aus der gesamten Bundesrepublik und dem Ausland. Aufgrund der unmittelbaren Nähe zum Stuttgarter Flughafen und zur Messe Stuttgart dient die Filderklinik für diese als Notfallkrankenhaus.

Zu den speziellen anthroposophischen Therapien gehören therapeutisches Malen, Zeichnen und Plastizieren, aber auch Sprachgestaltung, Musiktherapie und Heileurythmie. Neben diesen Kunsttherapien kommen äußere Anwendungen oder spezielle anthroposophische Arzneimittel zum Einsatz.

Bemerkenswert ist auch das kulturelle Programm, regelmäßig finden in der Filderklinik klassische Konzerte auf hohem künstlerischen Niveau statt.

In unmittelbarer Nachbarschaft zur Filderklinik befindet sich die Rettungswache des Deutschen Roten Kreuzes.

*Der neu gestaltete Eingangsbereich der Klinik.*

*Eine helle und lichtdurchflutete Atmosphäre kennzeichnet den Eingangsbereich der Filderklinik.*

*Blick auf die Filderklinik und die Mitarbeiterwohnanlage von Süden.*

*In der Filderklinik werden jährlich rund 2 000 Kinder geboren – nicht zuletzt, weil Geburtshilfe und Frauenheilkunde besondere Schwerpunkte sind.*

*Für Notfälle steht ein Hubschrauberlandeplatz zur Verfügung.*

**Haus am Fleinsbach**
**Besucher**
**Pflegeheim St. Vinzenz**
**Seniorennachmittag**

Rund 20 Prozent der Filderstädter Bevölkerung ist über 60 Jahre alt. Aus diesem Grund bemüht sich die Stadt in Zusammenarbeit mit Ehrenamtlichen um ein abwechslungsreiches Angebot für Senioren.

In den Stadtteilen bestehen aktive Seniorenclubs und Begegnungsstätten bzw. Treffpunkte, die ein vielfältiges Freizeitprogramm wie z.B. Folkloretanz, Café-Nachmittage, Spiele- und Bastel-Nachmittage, Wanderungen und Radtouren anbieten. Eine beliebte Einrichtung sind die offenen Mittagstische in allen Stadtteilen.

Bei Pflegebedürftigkeit und Krankheit steht in Filderstadt die der Stadtverwaltung angegliederte Informations-, Anlauf- und Vermittlungsstelle (IAV) zur Koordinierung und Beratung zur Verfügung.

Stellvertretend für die verschiedenen Pflegeheime sei das „Haus am Fleinsbach" in Bernhausen genannt, ein modernes Alten- und Gemeinwesenzentrum. Es umfasst 80 Pflegeplätze und zusätzlich eine Tagespflege mit 12 Plätzen; möglich ist weiterhin eine Kurzzeitpflege bis zu sechs Wochen.

Das Haus verfügt über einen Veranstaltungsraum, ein modernes Tagescafé sowie über therapeutische Funktionsräume, z.B. für Aktivierungs- und Rehabilitationsmaßnahmen.

In letzter Zeit wird in steigendem Maß die Tagespflege in Anspruch genommen. Ziel ist es, die soziale Isolation älterer Menschen aufzubrechen und pflegende Angehörige zu entlasten.

*Begegnung im „Haus am Fleinsbach".*

*Mitten im Grünen oberhalb des Siebenmühlentals bei Plattenhardt ist das von der Caritas getragene geronto-psychiatrische Pflegeheim St. Vinzenz gelegen. Die 279 Bewohnerinnen und Bewohner kommen je zur Hälfte aus der Region sowie aus dem Kreis Esslingen.*

*Einmal jährlich veranstaltet die Stadt Filderstadt einen zentralen Seniorennachmittag mit einem unterhaltsamen Programm.*

**Neue Jungenberufe**

**Neue Mädchenberufe**

**Interkulturelles Familienfest**

**Internationales Boule**

**Kunstaktion**

**Türkische Tanzgruppe**

*Führung für Jungen durch „klassische" Frauendomänen wie die Geburtsstation der Filderklinik.*

Seit 1988 engagiert sich das Referat für Chancengleichheit für die Herstellung der Gleichberechtigung und Chancengleichheit von Frauen und Männern sowie von Mädchen und Jungen. Unter der Vielzahl der Aktivitäten geben folgende Beispiele einen Einblick in die Arbeit.

Zu einem der Schwerpunkte gehört der Aufbau einer qualifizierten Kinderbetreuung mit neuen Betreuungskonzepten. Seit 2008 gibt es flächendeckend eine Kernzeitenbetreuung im Rahmen der verlässlichen Grundschule.

Ein weiterer Schwerpunkt ist die Ermutigung und inhaltliche Vorbereitung für Frauen, sich stärker in der Kommunalpolitik zu engagieren. Bereits seit 1991 gibt es in Filderstadt einen Frauenbeirat.

Im Jahr 2000 gelang es nach jahrelangen Auseinandersetzungen, ein Frauenhaus auf den Fildern zu realisieren, das eine Zufluchtsstätte für misshandelte Frauen mit ihren Kindern bietet.

Als eine ständige Aufgabe sieht das Referat, Frauen nach einer Baby- oder Familienpause für den Wiedereinstieg in den Beruf zu qualifizieren.

Seit 2002 unterstützt das Referat den „Girls' Day", der Mädchen ermutigen soll, Berufsfelder kennenzulernen, die sich außerhalb der klassischen Frauenberufe befinden. Seit einigen Jahren haben auch Jungen an diesem Tag die Möglichkeit, Berufe jenseits der klassischen Rollenbilder kennenzulernen.

Seit 2006 trägt das einstige Frauenreferat den Namen „Frauenbüro – Referat für Chancengleichheit".

*Mädchen lernen „klassische" Männerberufe kennen.*

*Interkulturelles Filderstädter Familienfest in der Rundsporthalle Bernhausen.*

In Filderstadt leben über 6100 Menschen mit ausländischem Pass. Diese Filderstädter Bürgerinnen und Bürger kommen vorrangig aus der Türkei, Italien, Griechenland, Serbien und Montenegro sowie aus Kroatien. Die Vielfalt der Kulturen ist für das Leben in Filderstadt Chance und Herausforderung zugleich. Seit 2004 gibt es das offene Forum für interkulturelles Miteinander von ehrenamtlich engagierten Bürgerinnen und Bürgern. Im Jahr 2007 wurde die Stelle für Interkulturelles Miteinander/Integration geschaffen, zu deren Aufgaben die Förderung des interkulturellen Dialogs, die Erstellung eines Konzepts zur Integration, aber auch die interkulturelle Öffnung von Bildungseinrichtungen, Verwaltung und Wirtschaft gehören.

*Internationales Boule für jedermann im Weilerhau.*

*Kunstaktion für in- und ausländische Jugendliche zur Fußball-WM.*

*Türkische Tanzgruppe beim Markt der Möglichkeiten.*

**Schriftenreihe**
**Historischer Rundweg**
**Stadtarchiv**
**KZ-Gräberfeld**
**Baugeschichte**
**Heimatmuseum**
**Vorführung Wagner**
**Bürstenbinderwerkstatt**
**Uhlbergturm**

In den Ortskernen der fünf Stadtteile finden sich noch vielfältige Spuren der Vergangenheit, wenn auch durch den raschen Wandel der Bebauung inzwischen vieles verlorengegangen ist.

Um das ortsgeschichtliche Erbe stärker ins öffentliche Bewusstsein zu rücken, wurde ein historischer Rundweg durch alle fünf Stadtteile angelegt. 85 Tafeln weisen auf Gebäude und Plätze von ortsgeschichtlicher Bedeutung, aber auch z.B. auf archäologische Denkmäler oder alte Brunnen hin.

In der „Filderstädter Schriftenreihe" werden regelmäßig neue Forschungen zur Geschichte der Filderstädter Stadtteile veröffentlicht und damit einem breiten Publikum zugänglich gemacht.

Seit 1984 gibt es in Filderstadt ein Stadtarchiv mit Sitz in der gotischen Kapelle in Obersielmingen von 1526; hier sind die Archivalien der fünf Stadtteile verwahrt, die für ortsgeschichtliche Forschung sowie für die interessierte Öffentlichkeit zur Verfügung stehen. Das älteste Schriftstück, eine Urkunde aus Plattenhardt, stammt aus dem Jahre 1483.

*Veröffentlichungen zur Stadtgeschichte.*

*Historischer Rundweg mit 85 Stationen.*

*Die gotische Margaretenkapelle ist der Sitz des Stadtarchivs.*

*Gedenkfeier auf dem Gräberfeld des KZ-Außenlagers mit einem Überlebenden.*

*Baugeschichtliche Führung durch Bonlanden am Tag des offenen Denkmals.*

Der Bonländer Gottlob Häußler hat in jahrzehntelanger Arbeit eine heimatkundliche Sammlung zusammengetragen, die seit 1985 im früheren Rathaus der Gemeinde Bonlanden von 1563 untergebracht ist und seit 1988 seinen Namen trägt. Das Gottlob-Häußler-Heimatmuseum ist ein Museum des ländlichen Raumes, das die verschiedensten dörflichen Lebensbereiche zusammenfasst und vorstellt.

Das Museum zeigt auf vier Stockwerken die Alltagsgeschichte auf den Fildern, dazu gehört ein „Tante-Emma-Laden", Land- und Forstwirtschaft, dörfliches Handwerk, aber auch die Themen Kindheit, eine historische Küche und vieles mehr. Um das Museum lebendig zu halten, finden pro Jahr drei Sonderausstellungen zu Themen der lokalen Geschichte oder zur allgemeinen Kulturgeschichte statt.

*Das Gottlob-Häußler-Heimatmuseum im historischen Rathaus von Bonlanden.*

*Präsentation des heute fast ausgestorbenen Wagner-Handwerks im Museum.*

*Eine für Bonlanden typische Bürstenbinderwerkstatt.*

*Modell des 1903 erbauten ehemaligen Uhlbergturms, angefertigt durch Vereine für Festumzüge.*

**Pferdemarkt, 1930er Jahre**
**Landjugend und Filderkraut**
**Maibaum**
**Pferdemarkt, Gespanne**
**Pferdemarkt, Dressur**
**Pferdemarkt, Vorführung**

*Prämierung von Pferden beim Pferdemarkt in den 1930er Jahren.*

*Traditionspflege von Vereinen: Festumzüge, Erinnerung an den traditionellen Krauthandel und die Aufstellung eines Maibaums, hier das Beispiel Plattenhardt.*

Die fünf zu Filderstadt zusammengeschlossenen Gemeinden gehörten früher dem württembergischen Kernland an und waren stark vom Pietismus geprägt. Die nüchterne evangelische Lebensauffassung führte dazu, dass hier kaum alte Traditionen gepflegt oder gar weitergetragen wurden.

Das spitze Filderkraut, „Brassica oleracea sphaerica pyramidalis", das im 18. Jahrhundert schon in großen Mengen auf den Fildern angebaut worden ist und als Wahrzeichen dieses Landstriches gilt, hat eine neue Tradition begründet. Dazu haben besonders die Bauern aus Bernhausen und Sielmingen beigetragen, die den Verkauf des Filderkrauts bis nach Ulm und ins Unterland direkt vorgenommen haben und so das Filderkraut im ganzen Land bekannt machten.

In den letzten Jahren sind auch in Filderstadt verschiedene Traditionen neu belebt worden, wobei sich gerade die Vereine sehr verdient gemacht haben. Als Beispiele sind die Backhausfeste in Plattenhardt und Sielmingen, die Aufstellung von Maibäumen in Plattenhardt, Bonlanden und Bernhausen sowie die von den Vereinsringen organisierten Stadtteilfeste zu nennen.

Weit über die Filder hinaus bekannt ist der Pferdemarkt in Bernhausen. Bei seiner Gründung 1922 stand noch die Förderung der Landwirtschaft im Mittelpunkt. Seit der Motorisierung der Landwirtschaft wandelte sich der Pferdemarkt in den 1960er Jahren immer mehr zu einem Treffpunkt für die Freunde des Reitsports.

In allen fünf Stadtteilen finden heute Frühjahrs- und Herbstmärkte statt, der älteste – der Bernhäuser Krämermarkt – geht bereits auf das Jahr 1872 zurück.

*Einen der Höhepunkte des Pferdemarkts bilden die Vorführungen im Gespanne-Fahren auf dem Festplatz in Bernhausen.*

*Prämierung von Einzelpferden.*

*Schauprogramm in der Reithalle Emerland in Sielmingen.*

**Ehrenamtliche**

**Musikvereine**

**Deutsches Rotes Kreuz**

**Gesangvereine**

Das Vereinsleben in den einzelnen Stadtteilen von Filderstadt war schon immer sehr ausgeprägt. Bei der Gemeindereform 1975 konnten rund 150 Vereine gezählt werden. Befürchtungen, dass das Vereinsleben durch den Zusammenschluss leiden könnte oder sich Vereine auflösen würden, haben sich glücklicherweise nicht bewahrheitet. Das Gegenteil ist der Fall: Heute zählt Filderstadt über 250 Vereine im Sport-, Kultur- und Freizeitbereich, die eine große Bandbreite – von den Aquarienfreunden bis zum Modelleisenbahnclub – abdecken.

Aber sie alle müssen sich der Konkurrenz der kommerziellen Freizeitangebote und der modernen Medien stellen. Weitere, nicht zu unterschätzende Faktoren sind die wachsende Mobilität der Bevölkerung und die allgemeine Individualisierung der Gesellschaft, die nicht gerade vereinsfördernd wirken. Die Filderstädter Vereine konnten sich bisher dennoch bravourös behaupten.

Dies rührt sicherlich auch daher, dass sowohl die einheimische Bevölkerung als auch die Neuzugezogenen durch Veranstaltungen der Vereinsringe, die in allen Stadtteilen gegründet wurden, eine Plattform zur Selbstdarstellung finden, die bei allen gut ankommt. Hierzu zählen die verschiedenen Feste wie die Straßenfeste, nämlich das Bärenfest in Bernhausen, das Bonländer Saifescht, das Marktplatzfest Harthausen, das Plattenhardter Straßenfest und das Kirchplatzfest in Sielmingen.

Die Stadt fördert durch das Bereitstellen von Räumen, Hallen, Plätzen usw. das Vereinsleben und besonders den Nachwuchs dieser Vereine.

*Filderstädter, die in Vereinen sowie in weiteren Aktivitäten ehrenamtlich engagiert sind.*

*In vier Stadtteilen tragen Musikvereine zum kulturellen Leben und zur Jugendförderung bei.*

*Blutspendenaktion des Deutschen Roten Kreuzes.*

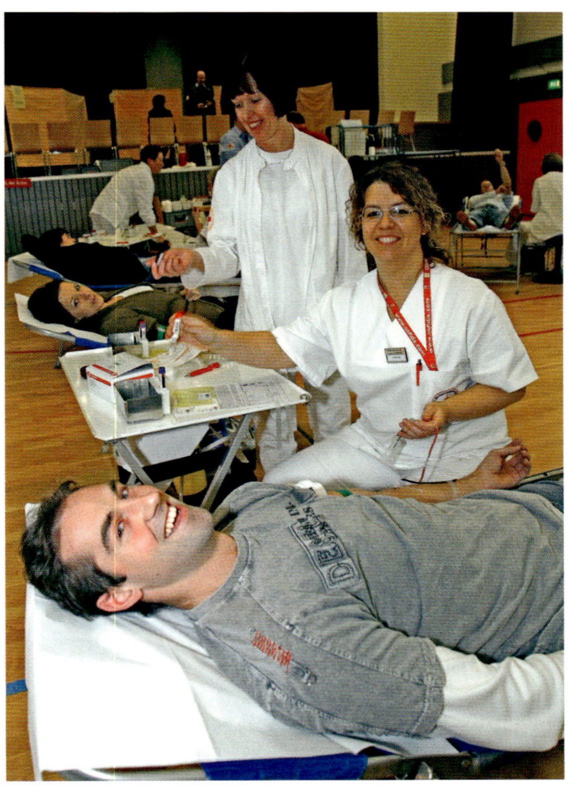

*In allen fünf Stadtteilen sind Gesangvereine aktiv.*

**Fasnet**
**Obst- und Gartenbau**
**Feuerwehr**
**Motorsportclub**
**Landjugend**
**Kleintierzüchter**
**Eine-Welt-Laden**

*In den letzten Jahren sind mehrere sehr aktive Fasnetsgruppen entstanden, hier bei der Erstürmung des Rathauses.*

*Traditionelle Mostpresse – präsentiert durch einen der Filderstädter Obst- und Gartenbauvereine bei einem Festzug.*

*In jedem Stadtteil gibt es eine Abteilung der Freiwilligen Feuerwehr, hier bei einer Feuerwehrübung im Fildorado.*

*Großer Beliebtheit erfreut sich die Oldtimer-Rallye des Motorsportclubs Sielmingen.*

*Landjugend Sielmingen.*

*Festwagen eines der Kleintierzüchtervereine.*

*Die Aktiven des Eine-Welt-Ladens in Bernhausen.*

**Flippmanns**
**Gesangvereine**
**Kammerorchester**
**Musikschule, Bläser**
**Musikschule, Streicher**
**Interkulturelles Orchester**
**Musikschule, Kinderchor**

Zu nennen sind weiterhin die Musikvereine in jedem Stadtteil sowie die Akkordeonorchester in Sielmingen und Bonlanden.

Ein wichtiger Bereich des Musiklebens ist die Kirchenmusik. In allen Stadtteilen gibt es aktive Kirchen- und Posaunenchöre, die mit eigenen Kirchenkonzerten an die Öffentlichkeit treten. Eine noch junge Tradition hat der Orgelsommer in Filderstadt.

Auch die Schulen tragen mit eigenen Ensembles und Chören zum Musikleben unserer Stadt bei, wie z.B. die Big Band der Realschule Bernhausen oder das Schulorchester des Eduard-Spranger-Gymnasiums.

Als ein klassisches Orchester ist das Filderstädter Kammerorchester zu nennen, das nicht nur in der FILharmonie, sondern auch an ungewöhnlichen Orten wie auf einem Bioland-Gemüsehof Konzerte gibt.

Natürlich verfügt Filderstadt auch über weitere Musikgruppen wie die legendären, seit 1983 bestehenden „Flippmanns" oder die Band „Halbe He".

Filderstadt bietet ein ausgeprägtes Musikleben. Für die Freunde der klassischen Musik steht die FILharmonie mit einem hervorragenden Konzertsaal zur Verfügung, sie bietet zudem ein eigenes Klassik- und Musiktheater-Abonnement an. Ein interessantes Kulturprogramm bieten auch die Filderklinik sowie die Waldorfschule („Kultur auf der Gutenhalde").

Eine wichtige Funktion im Musikleben der Stadt haben die Vereine, die durch zahlreiche Konzerte an die Öffentlichkeit treten. Sie können obendrein auf eine lange Tradition zurückblicken, reichen doch die Anfänge der Gesangvereine bis weit ins 19. Jahrhundert zurück. Der älteste ist der 1867 gegründete Sängerkranz Bonlanden.

*Jubiläumskonzert der Flippmanns in Bonlanden.*

*Gemeinsames Chorprojekt mehrerer Filderstädter Gesangvereine.*

*Filharmonisches Kammerorchester in der FILharmonie.*

Die städtische Musikschule leistet, von der musikalischen Früherziehung unserer Kinder bis zum Einzelunterricht in sämtlichen Instrumenten sowie Vokalunterricht, Außergewöhnliches, und zwar sowohl in der Breiten- als auch in der Spitzenarbeit.

Die zahlreichen Ensembles und Orchester der Musikschule tragen dazu bei, dass es am musikalischen Nachwuchs in Filderstadt, auch für die musiktreibenden Vereine, nicht fehlt. Dadurch sind viele Aufführungen von Kinderopern, Ballettstücken, Orchester- und Solistenkonzerten und Kammermusiken zustande gekommen. Zahlreiche Konzertreisen im In- und Ausland von Ensembles der Musikschule festigen den guten Ruf. Viele Auftritte bei den verschiedensten Veranstaltungen in der Stadt sind schon zur Selbstverständlichkeit geworden. Die Zusammenarbeit mit den Partnerstädten auf musikalischem Gebiet ist ebenfalls hervorragend.

Rund 1 200 Schülerinnen und Schüler werden unterrichtet, und 50 Musiklehrerinnen und -lehrer sorgen für eine qualifizierte Ausbildung. Jährlich werden zahlreiche Preise beim Wettbewerb „Jugend musiziert“ auf Landes- und Bundesebene gewonnen.

*Interkulturelles Ensemble mit Mitgliedern aus Griechenland, der Türkei und Deutschland.*

**Skulptur Bradler**
**Sammlung Domberger**
**Städtische Galerie**
**Skulptur Diedenhofen**
**Skulpturengruppe Rosalie**
**Kunstschule Schmiede**
**Kunstschule Sommerferien**
**Breakdance**
**Kunstschule Holzwerkstatt**

Skulptur „SAPRI" von Alfred Bradler im Kreisel des Industriegebiets Affelter in Bonlanden.

Blick in die Sammlung Domberger.

Seit 1986 ist die Städtische Galerie im Bürgerzentrum Bernhausen untergebracht. Der Verein Künstler der Filder e.V. führt dort im Auftrag der Stadt regelmäßig Ausstellungen durch, die überregionale Bedeutung genießen. Der 1982 gegründete Kunstverein Filderstadt e.V. führt regelmäßig Ausstellungen im Foyer der Uhlberghalle in Bonlanden durch. Sehr verdienstvoll ist hier vor allem die Präsentation von Künstlern aus der Region.

Eine andere Form der Künstlerförderung ist das Atelierhaus in Plattenhardt. Dort haben Künstler die Möglichkeit, sich preisgünstig in eine Ateliergemeinschaft einzumieten.

Wer sich ein Original-Kunstwerk in seine Wohnung hängen will, kann Kunstwerke aus der städtischen Artothek für eine bestimmte Zeit ausleihen.

In den letzten Jahren gelang es, Kunst verstärkt im öffentlichen Raum zu platzieren. Besonders sind hier die Skulpturengruppe „Filderspiel" von Robert Schad auf dem Gelände der S-Bahn sowie die Installation „Regenbogen" der Künstlerin Rosalie vor der FILharmonie zu nennen.

Gespräch mit Künstlern in der Städtischen Galerie.

Skulpturengruppe „Regenbogen" vor der FILharmonie von Rosalie.

„Dialog" von HWP Diedenhofen in der FILharmonie.

*Kunstschulunterricht in einer ehemaligen Schmiede in Bonlanden.*

Seit 1989 hat Filderstadt eine städtische Kunstschule. Sie bietet Kindern, Jugendlichen und Erwachsenen verschiedenste Möglichkeiten künstlerischer Betätigung wie Malerei, Grafik, Bildhauerei, Keramik, Fotografie, Tanz und Theater. Die Angebote finden ein großes Interesse über Filderstadt hinaus. Regelmäßige Ausstellungen, Gestaltungen im öffentlichen Raum, zahlreiche Kooperationen mit Kindergärten, Schulen als auch mit Handel und Gewerbe sowie die kontinuierlichen Angebote im Ganztagesschulbetrieb belegen die vielgestaltige Vernetzung der Kunstschule in der Kommune.

Die Kunstschule hat ihren Sitz in der Schillerschule in Plattenhardt und ist organisatorisch mit der Volkshochschule verbunden.

*Zunehmende Bedeutung gewinnen inzwischen Kunstschulkurse in den Schulferien, hier die Auftaktveranstaltung zum Sommerferienprogramm.*

*Junge Kursteilnehmerinnen in der Holzwerkstatt.*

**Historischer Markt**
**Blick zur Alb**
**Fußreise zu Mörike**
**Filderbühne**
**die eulen**

*Beim historischen Markt in Plattenhardt zum Mörike-Jubiläum schreiben Grundschüler mit Feder und Tinte in altdeutscher Schreibschrift.*

Eine Filderstädter Besonderheit innerhalb der städtischen Kulturarbeit sind die im zwei- bis dreijährigen Rhythmus stattfindenden Filderstädter Kulturwochen. Im Mittelpunkt steht jedesmal ein Schriftsteller in Verbindung mit einem gesellschaftspolitischen Thema. Diese Kulturwochen mit Schwerpunkt Literatur umfassen Theateraufführungen, Kabaretts, Lesungen, Vorträge und Ausstellungen. Höhepunkte der letzten Jahre waren das Thema „Ortswechsel" 2001, das Mörike-Jubiläum 2004 oder der literarische „Blick auf die Alb" 2008. Zum Markenzeichen der Kulturwochen sind die Eigenproduktionen von szenischen und musikalischen Inszenierungen geworden, die eigens zum jeweiligen Thema erstellt und meist unter freiem Himmel aufgeführt werden.

Etwa drei bis vier Mal im Jahr trifft sich der „Salon 43", ein Kooperationsprojekt verschiedener städtischer Kulturträger. Zu solchen Veranstaltungen gehören Lesungen, Kabarett- oder Gesangsaufführungen, aber auch Ausstellungen. Zu den bespielten Orten zählen die Volkshochschule, das Heimatmuseum oder der Alfons-Fügel-Saal.

Ein Pendant zu den Kulturwochen sind die Veranstaltungen von „Rockmedia", einer Initiative Filderstädter Kunst- und Musikfreunde.
Sie initiierten Veranstaltungsreihen zu Anlässen wie 50 Jahre Rock'n Roll, 40 Jahre Rock-Pop-Musik oder warfen einen Blick in die Kultur der Fünfziger Jahre.

*Szenische Lesung beim Uhlbergturm im Rahmen der Kulturwochen „Blick zur Alb".*

*Auf literarischen Spuren in Plattenhardt bei den Kulturwochen „Eduard Mörike".*

In Filderstadt gibt es zwei fest etablierte Amateurbühnen, die in jedem Jahr mit mindestens einem neuen Stück aufwarten.

Die 1977 gegründete Filderbühne geht auf die Initiative der Familienbildungsstätte zurück. Aus der damaligen Gruppe ist inzwischen eine bedeutende Amateurbühne geworden. Zur Arbeit der Theatergruppe gehört nicht „nur" die Schauspielerei, sondern auch der Entwurf und der Bau des Bühnenbilds, die Anfertigung der Kostüme und vieles mehr. Komödien, Schwänke, Märchen, aber auch Krimis stehen im Repertoire.

Die andere Amateurtheatergruppe sind die 1979 gegründeten „eulen", die – unweit der Filderbühne – im Plattenhardter Weilerhau-Pavillon ihre Bühne haben. „die eulen" traten durch Kinderstücke von Michael Ende oder Paul Maar an die Öffentlichkeit. Als Mitveranstalter der Filderstädter Kulturwochen standen auch schon Brechts „Mutter Courage" oder Dürrenmatts „Die Physiker" auf dem Spielplan.

*Die Filderbühne: „Die Schöne und das Biest".*

*Theatergruppe „die eulen": „Der Geist von Canterville".*

## FILharmonie

**Popkonzert**
**FILharmonie**
**Großveranstaltung**
**Messe**
**Tagung**
**Seminar**

Mit über 120 000 Besuchern jährlich steht das 1994 fertiggestellte „Kultur & Kongress Zentrum FILharmonie" für Kultur und Begegnung in Filderstadt.

In nur wenigen Jahren hat sie sich in der gesamten Region Stuttgart sowohl im kulturellen Bereich als auch im Tagungs- und Kongressgeschäft einen Namen gemacht.

Mit ihrer günstigen Verkehrslage an Flughafen und Autobahn und mit inzwischen 600 Veranstaltungen jährlich erreicht die FILharmonie überregionale Bedeutung und ist zum Treffpunkt von Wirtschaft und Politik geworden.

*Popstars schätzen die große Bühne der FILharmonie.*

*Die FILharmonie mit der 2004 errichteten Skulpturengruppe „Regenbogen" der Künstlerin Rosalie.*

Mit ihren Sälen, Konferenzräumen sowie modernster Technik hat sich die FILharmonie in wenigen Jahren zu einem hervorragenden Austragungsort für Kongresse, Tagungen und Seminare entwickelt.

Die verschiedensten Branchen – wie IT-Firmen, Elektro-, Baustoff- und Automobilindustrie, Küchenbauer oder Büroeinrichter – präsentieren sich auf Messen in der FILharmonie.

Viele Bürgerinnen und Bürger nutzen die FILharmonie für private Feiern, die durch das Restaurant „Kulisse" kulinarisch bestens betreut werden.

*Großveranstaltung mit Daimler-Chef Dieter Zetsche.*

*Kommunikation wird bei Messen großgeschrieben.*

*Fachausstellungen begleiten die Tagungen.*

*Das Seminar ist die häufigste Tagungsform.*

**Musical**
**Rockkonzert**
**Ballett**
**Comedy**
**Musiktheater**
**Streichquartett**
**Klavierabend**
**Theater**

Die FILharmonie bietet ein vielseitiges kulturelles Programm: verschiedene Abonnements in den Bereichen Musiktheater, Klassik, Theater und die beiden Kindertheater-Abos.

Auch internationale Stars aus Klassik, Rock und Pop traten bereits in der FILharmonie auf.

Daneben unterstreichen Projektwochen, Kabaretts, Ausstellungen und Lesungen die Vielseitigkeit des Angebots.

Die Filderstädter Vereine nutzen die FILharmonie für Konzerte, Bälle, Jubiläen u.a.

**Gewerbegebiet Bernhausen**
**Luftfrachtzentrum**
**Gewerbegebiet Bonlanden**
**Produktionsstraße**

Die Filder zählen heute zu den besten Wirtschaftsstandorten in der Region Stuttgart. Als günstige Standortfaktoren gelten vor allem die Autobahn A 8 und die Bundesstraße B 27 sowie der Landesflughafen. Nicht zu unterschätzen ist auch die Nähe zu den Universitäten Stuttgart-Vaihingen und Stuttgart-Hohenheim.

Die Wirtschaftsstruktur in Filderstadt ist durch Branchenvielfalt und mittelständische Unternehmen gekennzeichnet. Zu den Branchen zählen u.a. Maschinenbau, Datenverarbeitung, Elektrotechnik, Druckgewerbe oder Bauhandwerk.

Die städtische Wirtschaftsförderung ist bemüht, durch ihre Strukturpolitik die vorhandenen Arbeitsplätze zu erhalten und zusätzliche durch die Ausweisung von Flächen für Gewerbe, Industrie und Dienstleistungen zu schaffen. Gewerbliche Bauflächen werden vor allem an solchen Standorten ausgewiesen, die auf kurzen Wegen mit dem überörtlichen Straßennetz verbunden sind.

Die Stadt bemüht sich weiterhin darum, dass die neuen Arbeitsplätze hinsichtlich ihrer Qualifikationsanforderungen möglichst vielschichtig sind und ein gesunder „Branchenmix" entsteht.

Ein weiteres Planungsziel stellt die sparsame Nutzung von Flächen dar. Angesichts der begrenzten Areale auf den Fildern ist man bemüht, Betriebe mit einem möglichst geringen Flächenbedarf anzusiedeln.

*Gewerbegebiet Bernhausen und Luftfrachtzentrum.*

*Luftfrachtzentrum am Südrand des Flughafens.*

*Verwaltungs- und Forschungszentrum von Modine, einem internationalen Automobilzulieferer.*

*Moderne Produktionsstraße der Firma Herma.*

**Fluglotsen**
**Hochbau**
**Handwerk**
**Elektrotechnik**
**Restaurant**
**Gartenwirtschaft**

In Filderstadt stehen über 16 000 Arbeitsplätze zur Verfügung. Die wirtschaftliche Entwicklung der letzten Jahrzehnte zeigt auch in Filderstadt den allgemeinen Strukturwandel in Richtung Dienstleistungsgesellschaft: Zählten die in den 1950er und 1960er Jahren angesiedelten Betriebe hauptsächlich zum produzierenden Gewerbe, so sind heute 28 Prozent der Beschäftigten im produzierenden Gewerbe und 72 Prozent im Dienstleistungsbereich tätig.

Rund 8 000 der Beschäftigten sind Einpendler, ihnen stehen rund 13 000 Auspendler gegenüber.

*Flugüberwachung im Flughafen-Tower am Ortsrand von Bernhausen.*

*Montage von Fertigbeton-Teilen für eine Fabrikhalle.*

*Herstellung von Fenstern in einem Schreinereibetrieb.*

*Montage von elektronischen Bauteilen.*

Filderstadt kulinarisch: Rund 70 Gaststättenbetriebe laden in Filderstadt zum Essen und Trinken ein. Ob gutbürgerliche Speisewirtschaft, ausländisches Spezialitätenlokal oder Gartenwirtschaft im Grünen, für jeden Geschmack lässt sich etwas finden.

Auswärtigen Gästen steht in Filderstadt ein großes Angebot von Hotels zur Verfügung. Jährlich zählt Filderstadt über 100 000 Übernachtungen.

**Bank**
**Lebensmittel**
**Buchhandel**
**Weinhandlung**
**Buchbinder**
**Steinmetz**
**Schreiner**
**Gerüstbau**
**Bäcker**

Unsere Ortskerne sind vor allem durch die zahlreichen Dienstleistungs- und Einzelhandelsunternehmen geprägt, die über ein großes und qualitätvolles Warenangebot verfügen.

Die örtlichen Handels- und Gewerbevereine führen in jedem Stadtteil regelmäßig Gewerbeausstellungen und Leistungsschauen durch, um auf den hohen Standard von Handwerk und Handel hinzuweisen und die Kaufkraft an die Orte zu binden.

Ein wichtiger Faktor im Filderstädter Wirtschaftsleben ist das Handwerk. Mehr als 500 Handwerksunternehmen, überwiegend Familienbetriebe, gibt es in Filderstadt.

Auf eine lange Tradition kann auf den Fildern vor allem das Bauhandwerk zurückblicken; bereits zu Anfang des 20. Jahrhunderts stellten die Bauhandwerker mit Abstand die größte Gruppe der Handwerker dar, von denen viele als Lohnarbeiter in Stuttgart tätig waren.

**Bundesstraße B 27**
**Autobahn A 8**
**Verkehrskreisel**
**Radverkehr**
**Bahnhof Bernhausen**
**S-Bahn-Station Filderstadt**

*Ausfahrt Filderstadt-Ost der Bundesstraße B 27 am Industriegebiet Bonlanden.*

Filderstadt ist durch die Autobahn A 8 sowie die Bundesstraße B 27 hervorragend an das Fernstraßennetz angeschlossen, ein Faktor, der nicht nur von der Filderstädter Wirtschaft sehr geschätzt wird.

Dennoch: Mobilität fordert wegen des wachsenden Lärms und der zunehmenden Abgase einen immer höheren Preis.

Prognosen gehen davon aus, dass der Verkehr im Filderraum und vor allem auf der A 8 und der B 27 noch erheblich wachsen wird.

Die Menschen in Filderstadt sind zweifellos durch den überregionalen Verkehr belastet, ein wesentlicher Teil hingegen ist „hausgemacht". Aus diesem Grund bemüht sich die Stadt darum, Alternativen zum Autoverkehr zu fördern. Hierzu zählt vor allem die Förderung des Radverkehrs, aber auch des öffentlichen Nahverkehrs und die Einrichtung von Tempo-30-Zonen.

*Autobahn A 8 – die Anbindung Filderstadts an das Fernstraßennetz.*

*Verkehrskreisel, eine Maßnahme zur Entschleunigung des Verkehrs.*

*Filderstadt fährt Rad – auf einem gut ausgebauten, dichten Routennetz.*

Eine große Verbesserung des öffentlichen Nahverkehrs in Filderstadt bedeutete die Verlängerung der S-Bahn vom Flughafen bis nach Bernhausen im Jahr 2001. Damit ist Filderstadt im 30-Minuten-Takt mit der Landeshauptstadt und der Region Stuttgart verbunden, der Flughafen bzw. die Messe sind sogar in nur vier Minuten zu erreichen.

Zum S-Bahn-Gelände gehört ebenfalls ein Parkhaus mit über 350 Plätzen sowie der Busbahnhof Bernhausen. Der Busfahrplan ist auf die Abfahrts- und Ankunftszeiten der S-Bahn abgestimmt, so dass alle fünf Stadtteile gut an den öffentlichen Nahverkehr angeschlossen sind.

Als Maßnahme zur Verkehrsberuhigung hat Filderstadt als eine der ersten Städte in Baden-Württemberg 1990 flächendeckend Tempo 30 in Wohngebieten eingeführt.

*Der Bahnhof der einstigen Filderbahn von 1897 erinnert daran, dass hier bereits früher eine Bahnlinie bestanden hat.*

*Die S-Bahnlinie S 2 lässt Filderstadt ein bedeutendes Stück näher an die Großstadt rücken: Nur 30 Minuten dauert die Fahrt in die Stuttgarter City.*

*Die S-Bahn wird inzwischen intensiv genutzt.*

**Flughafen**

**Luftfrachtzentrum**

**Tower**

**Messe**

*Flughafen Stuttgart – Filderstadts Nachbar im Norden.*

Filderstadt liegt in unmittelbarer Nachbarschaft zum internationalen Verkehrsflughafen Stuttgart. Auch hier wurde der allgemeine Anstieg des Luftverkehrs in den letzten Jahren sichtbar. Mittlerweile werden pro Jahr mehr als 10 Millionen Passagiere gezählt, davon entfallen ein Drittel auf Inlands- und zwei Drittel auf Auslandsflüge.

Parallel dazu ist auch die Zahl der Arbeitsplätze auf dem Flughafen gestiegen; die rund 250 Unternehmen beschäftigen über 10 000 Personen, davon kommen allein 15 Prozent aus Filderstadt.

Der überwiegende Teil des Flughafengeländes, insbesondere die 3 345 Meter lange Start- und Landebahn, befindet sich auf der Gemarkung Bernhausen. Die meisten Flughafengebäude liegen hingegen auf Echterdinger Markung.

Ebenfalls auf der Markung Bernhausen befindet sich das Luftfrachtzentrum und die Hubschrauberstaffel der Polizei des Landes Baden-Württemberg sowie das US-Airfield, das von den US-amerikanischen Streitkräften genutzt wird.

Dass die Nachbarschaft zwischen Filderstadt und dem Flughafen nicht immer konfliktfrei war, liegt auf der Hand. Im Mittelpunkt der Auseinandersetzungen der letzten Jahrzehnte um die Startbahnverlängerung bzw. eine weitere Startbahn standen die Lärmbelastung für die Bevölkerung, aber auch die Verluste von hofnahen Flächen für die Landwirte.

*Das Luftfrachtzentrum am nördlichen Ortsrand von Bernhausen.*

*Der 1995 fertiggestellte Tower befindet sich am Ortsrand von Bernhausen. Seit 1999 befindet sich hier auch die Regionalzentrale des Deutschen Wetterdienstes, die zuständig für Baden-Württemberg ist.*

Die 2007 eingeweihte Landesmesse mit 105 000 Quadratmetern Hallenfläche und 40 000 Quadratmetern Freifläche plus einem multifunktionalen Congress-Center liegt in unmittelbarer Nachbarschaft zu Filderstadt und ist hervorragend an den öffentlichen Nahverkehr angeschlossen. Die Messe bedeutet für Filderstadt als Wirtschaftsstandort eine ganz erhebliche Aufwertung und für die örtlichen Firmen der unterschiedlichsten Branchen neue Chancen und Märkte. Nicht zu unterschätzen sind insbesondere die Chancen für das örtliche Gastronomie- und Hotelgewerbe.

*Zahlreiche Ausstellungen laden zum Besuch der Messe ein – für die Filderstädter in kürzester Zeit erreichbar.*

*Die neue Landesmesse auf den Fildern, im Hintergrund Bernhausen.*

**Krauternte**
**Salatfelder**
**Rundkraut**
**Krautfeld**
**Salaternte**
**Hofladen**
**Bewässerung**

*Krauternte – noch immer spielt das Kraut auf den Fildern eine wichtige Rolle. Inzwischen wird aber fast ausschließlich Rundkraut anstelle des früher so typischen Spitzkrauts angebaut.*

Bereits der 1267 erstmals erwähnte Name Filder deutet auf die historische Bedeutung der Landwirtschaft hin. Schon seit Jahrhunderten galten die Filder wegen ihrer fruchtbaren Böden als „Vorratskammer" von Stuttgart. Ein besonderes Markenzeichen ist seit dem 19. Jahrhundert das charakteristische Filderspitzkraut, wenngleich das Filderkraut keineswegs das einzige landwirtschaftliche Produkt darstellt. Seit dem starken Rückgang der Krautfabriken haben sich die Landwirte den veränderten Marktgegebenheiten angepasst und bauen immer mehr Feingemüse an, das sie über den Stuttgarter Großmarkt, über Handelsketten, den Einzelhandel, auf Wochenmärkten und in zunehmendem Maße in eigenen Hofläden direkt an den Verbraucher verkaufen.

Auch wenn die Zahl der landwirtschaftlichen Betriebe in den letzten Jahrzehnten stark zurückging, findet sich auf den Fildern auch heute noch eine leistungsfähige Landwirtschaft.

*Die bunten Salatfelder bieten ein interessantes Farbenspiel in der Landschaft.*

*Inzwischen hat Feingemüse das Kraut von seiner Vormachtstellung verdrängt, die für die Ernte notwendigen Arbeitskräfte sind mittlerweile zum großen Teil ausländische Erntehelfer.*

*Eine wichtige Rolle für die Landwirte spielt die Selbstvermarktung, hier der Verkauf direkt ab Hof.*

*Der Anbau von Salat erfordert – im Unterschied zum Krautanbau – eine verstärkte Bewässerung der Felder.*

**Dombasle**
**La Souterraine**
**Oschatz**
**Poltawa**
**Selby**

Filderstadt unterhält zu fünf Städten Partnerschaften. Bereits 1972/73 nahm die Gemeinde Bernhausen mit den beiden französischen Städten La Souterraine und Dombasle partnerschaftliche Beziehungen auf, zu denen intensive Kontakte über Schulen, Vereine etc. gepflegt werden. 1988 wurde, gemeinsam mit den Nachbarstädten Leinfelden-Echterdingen und Ostfildern, eine Partnerschaft mit Poltawa in der Ukraine und 1990 mit Oschatz in Sachsen aufgenommen. 2002 kam die fünfte Partnerschaft mit der englischen Stadt Selby hinzu.

Die Städtepartnerschaften leben durch Bürgerbegegnungen, Schüleraustausch und Künstler-, Sportler- oder Musikeraustausch. Viele Vereine beteiligen sich engagiert an den Aktivitäten und bei Veranstaltungen der Partnerstädte. Der Poltawa-Verein, die Deutsch-Französische Gesellschaft und die Deutsch-Britische Gesellschaft arbeiten eng mit den jeweiligen Partnerstädten zusammen.

*Das Rathaus von Dombasle.*

*Quiche-Lorraine-Fest in Dombasle.*

## Dombasle

Die Stadt liegt im Departement Meurthe-Moselle, 13 Kilometer südlich von Nancy, und zählt etwa 10 000 Einwohner.

Dombasle ist eine sehr alte Stadt, die bereits im 8. Jahrhundert erstmals erwähnt wurde.

Westlich und südlich des alten Ortskerns schließt sich ein großes Industriegebiet an: Prägend für die Stadt ist das 1873 gegründete Solvay-Werk am Rhein-Marne-Kanal mit eigenem Hafenbecken. Es gibt eine große chemische Anlage zur Gewinnung von flüssigem Chlor und verschiedenen Arten von Soda mit allen seinen Nebenprodukten. Weiterhin ist eine Saline mit einer großen Speisesalzproduktion zu nennen.

Das Leben im heutigen Dombasle ist sehr lebendig, es gibt zahlreiche aktive Vereine. Höhepunkt des Vereinslebens ist das im zweijährigen Rhythmus stattfindende Quiche-Lorraine-Fest mit großem Festzug.

## La Souterraine

Die Stadt liegt in Mittelfrankreich im Departement La Creuse und zählt knapp 6 000 Einwohner. In La Souterraine finden sich noch zahlreiche Spuren aus dem Mittelalter. Besonders sehenswert ist die Kirche Notre Dame aus dem 11./12. Jahrhundert mit einer bemerkenswerten Krypta. Als Wahrzeichen der Stadt gilt freilich das Stadttor St. Jean aus dem 13. Jahrhundert, ein Teil der noch gut erhaltenen Stadtbefestigung. Im Zuge der zunehmenden Zentralisierung während des Absolutismus verlor die Stadt, ähnlich wie viele französische Landstädte, an Bedeutung.

Nach dem Zweiten Weltkrieg erlebte die Stadt einen beachtlichen Aufschwung. Mit ihren weiterführenden Schulen (Gymnasium und Realschule), Altenheim, Bürgerhaus, Kinos, Bibliothek, Sportstadion usw. ist sie inzwischen kultureller, gesellschaftlicher und wirtschaftlicher Mittelpunkt der Region geworden.

*Romanische Kirche Notre Dame in La Souterraine.*

*Das Rathaus von La Souterraine.*

## Oschatz

Die Stadt liegt zwischen Leipzig und Dresden und hat etwa 20 000 Einwohner. Der Name Oschatz wurde um 1200 erstmals urkundlich erwähnt, 1238 wurde dieser Ort erstmals als „Stadt" bezeichnet. Die Blütezeit lag im 15. und 16. Jahrhundert, als Oschatz zu den bedeutendsten Tuchmacherstädten Sachsens zählte. Aus dieser Zeit haben sich zahlreiche Bürgerhäuser, das Renaissance-Rathaus sowie vor allem die spätgotische Stadtkirche St. Ägidien erhalten.

Seit dem Anschluss an die Eisenbahnlinie Dresden – Leipzig 1839 hatte die Industrialisierung in Oschatz gute Voraussetzungen: Waagenbau, Filzherstellung und -verarbeitung sowie Wollproduktion bestimmten die Wirtschaftsstruktur der Stadt. Als Sitz eines Landkreises erhielt Oschatz zahlreiche zentrale Institutionen wie Krankenhaus, Schulen, Lehrerseminar usw.

Zu den heutigen Sehenswürdigkeiten zählen u.a. die historische Altstadt mit Stadtmauer, das Heimatmuseum sowie die ca. 50 Kilometer lange Schmalspurbahn.

*Der Neumarkt mit Rathaus und Ägidienkirche in Oschatz.*

*Das Rathaus von Poltawa.*

## Poltawa

Die ukrainische Stadt mit 320 000 Einwohnern liegt am Ufer der Worskla, eines Nebenflusses des Dnjepr. Die Stadt wurde 1174 erstmals erwähnt. Berühmt wurde Poltawa 1709, als Zar Peter der Große in der Schlacht bei Poltawa den Schwedenkönig Karl XII. schlug und damit den Zweiten Nordischen Krieg zugunsten Russlands entschied. Im 18. und 19. Jahrhundert war Poltawa eine stille Provinzstadt.

Sie hat heute fünf Hochschulen, ein gravimetrisches Observatorium, mehrere Museen und Theater. Das Stadtbild ist geprägt durch eine Vielzahl von Parks.

In Poltawa befinden sich zahlreiche Industriebetriebe, hervorzuheben sind die Chemieanlagen und die Betriebe zur Herstellung von künstlichen Diamanten und Diamantenwerkzeugen.

## Selby

Das 13 000 Einwohner zählende Städtchen Selby liegt in der nordenglischen Grafschaft Yorkshire zwischen York und Leeds. Besonders eindrucksvoll ist die gotische Abteikirche, die um 1069 gegründet wurde. Sie ist heute eine der wenigen vollständig erhaltenen und zugleich größten britischen Kirchen aus dem Mittelalter. Der Sage nach soll der Heilige German dem Benedikt von Auxerre im Traum befohlen haben, an der Stelle, wo drei Schwäne den Fluss verlassen, ein Kloster zu gründen. Die drei Schwäne wurden zum Wappen von Abtei und Stadt Selby.

*Die gotische Abteikirche von Selby.*

Die Stadt liegt an dem Fluss Ouse und besitzt einen wichtigen Hafen, sie hatte früher eine bedeutende Schiffsbauindustrie. Bis heute ist Selby ein wichtiger Verkehrsknotenpunkt des Schienen- und Straßenverkehrs. Eine bedeutende Rolle spielt die Nahrungsmittelindustrie, die vor allem die landwirtschaftlichen Produkte der Umgebung verarbeitet.

In Selby wurde bis 2004 in großem Stil Steinkohle abgebaut, seinerzeit eines der größten Untertagebauprojekte der Welt, dazu gehörten zwei große Kohlekraftwerke. Allerdings machten die Minen von Selby aufgrund fallender Kohlepreise und gleichzeitig steigender Produktionskosten zunehmend Verluste. Im Jahr 2004 wurden die letzten Zechen geschlossen.

Bis heute gibt es hingegen in der Umgebung von Selby eine florierende Landwirtschaft.

**Illustrated Book on Filderstadt**

**Filderstadt in pictures**
**Published by the Filderstadt local authorities**

Page 2/3

**We are Filderstadt**

Page 4/5

**Filderstadt**
**Welcome to Filderstadt * Filderstadt – a young town * Views from the air**

The Filder area, which until comparatively recently was still predominantly agricultural, is now one of the most prosperous areas in the Greater Stuttgart Region. Over the past few decades it has undergone immense urbanisation. What was once a community of rural farming villages has now become an attractive residential area with easy access to nearby Stuttgart, excellent leisure amenities and commercial sites. Local areas of natural beauty such as the wooded Schönbuch area and the Swabian Alb have made the villages in the Filder area a popular place to live.
The area is characterised by contrast: on the one hand high-tech production (i.e. chip cards) and one of the most modern waterparks in the region; and on the other idyllic corners with century-old half-timbered houses, towns where small gardens are still lovingly maintained or where farming still takes place. This dynamic relationship is typical of the communities around Stuttgart and not without appeal – urbanisation without the urbanity. The challenge is to find a way of reconciling the traditional with the demands of modern life.
Filderstadt – this is the name given to the five separate communities Bernhausen, Bonlanden, Harthausen, Plattenhardt und Sielmingen which merged to become a single town unit as part of the municipal reform of 1975. With a population of 44,000 Filderstadt is currently the second largest town in the Esslingen area. Whilst there has been much criticism of the municipal reform, consolidation into a larger administrative unit does have many benefits. In view of the conflicts in goals pertaining to urban schemes, such as housing, work traffic or environmental protection, coordinated planning within larger units is imperative. Many of the mistakes that were made in the 1950s and 60s might have been avoided this way. Larger administrative units also mean that the interests and issues of the Filder are more effectively represented in dealings with the city of Stuttgart and the region a whole, as is shown by the extension of the local train network to Filderstadt.
But despite these administrative imperatives and the need to forge a new pan-Filderstadt identity the new town is determined to preserve the independence and separate identities of each of the five communities along with their older and more recent traditions. In fact, associations and clubs are booming and there are many activities and festivities which are organised jointly by clubs and associations from the various individual communities.
The hopes for a single identity lie in the younger generation: the young people from all of the five communities of which Filderstadt is composed learn alongside one another in schools administered by a single authority.

**Bernhausen**

Page 6

**Jakobus Church * Bernhausen Station * Aerial view of Bernhausen * Bernhausen from the north**

Bernhausen is Filderstadt's largest community. It has a rich past and was first mentioned in 1089, representing the earliest documented reference to a location of any site on the Filder.
The old village centre developed between the church and the castle, along the banks of the now drained Katzenbach. The village lay between two roads running parallel to the stream: the Rosenstrasse and the Hintere Gasse.
Two factors have contributed to Bernhausen's considerable prosperity: its fertile soil and the Albstrasse (Alb road), which ran through Bernhausen connecting Stuttgart, Metzingen and Ulm. However, following the completion of the Wurttemberg railway to Ulm in 1850 it lost its strategic position as a throughway. This led to an intensification in agriculture and the Filder became an important cabbage growing area, particularly for the markets in nearby Stuttgart.
The post-war period saw an increase in industry in the area, particularly along the Filder railway line, with the added bonus of autobahn and airport.
Recent decades have seen the creation of a number of new housing areas together with the necessary infrastructure. In the centre of Bernhausen there are many stores, cafés and restaurants. Bernhausen's amenities also include an indoor swimming pool, sports facilities, a municipal art gallery and a youth centre.

*The Jakobus Church tower, built in 1422, is the oldest building in Filderstadt. The church nave and choir were completed in 1475.*

*The S-Bahn station with its attractive café has become a focal point in Bernhausen. The historic station, which dates back to 1897 has been modernised to incorporate interesting architectural elements.*

Page 7

*The centre of Bernhausen from the south*

*View of Bernhausen from the air traffic control tower*

Page 8

**Town hall * Gotthard Müller * Eternal Burial Ground * "Schlössle" * Horse market * Cabbage processing plant**

*Old town hall. The oldest part of this magnificent half-timbered structure dates from 1616. The half-timbering on the upper level is not quite as old. Today, it houses part of the municipal administration.*

*Born in Bernhausen, Johann Gotthard Müller (1747-1830) studied in Paris and was professor at the Hohen Carlschule in Stuttgart from 1776-94. Goethe wrote of him in 1797: "Copper engraving is really at a high point here [in Stuttgart]; Professor Müller is one of the finest artists of this medium."*

*"Eternal Burial Ground" In 1871 the Old Pietist community established a private burial ground in which graves may never be opened for re-use.*

Page 9

*This ancient farmhouse, nicknamed "Schlössle", meaning small castle, dates back to 1588 and was beautifully restored in 1998.*

*Demonstration at the Bernhausen Horse Market*

*Bernhausen has a long tradition of cabbage growing. Since the 1960s Bernhausen farmers have concentrated their efforts almost entirely on growing and marketing vegetable crops. Today Bernhausen is by far the largest cabbage growing village on the Filder.*

Page 10

**Old and new * Local market * Sculpture at the station * Tower * Casa Medici**

*Juxtaposition of old and new Modern bank building and 17th century half-timbered house*

*Twice a week there is a market in the pedestrian precinct; on the left Kurt Grabert's sculpture of Krautmarie (Cabbage Marie)*

Page 11

*"Filderspiel" - Robert Schad's large sculpture, erected in front of the station in 2001.*

*Modern architecture on the edge of the town – the "Tower"*

*Modern architecture in the town centre – the Casa Medici with its doctors' practices and a café*

**Bonlanden**

Page 12

**Panorama * Vicarage * Aerial view of Bonlanden * The "Crown" tavern * Gutenhalde**

Bonlanden is situated "partly on a hill, partly on the slopes of the Bombach valley, which begins here." This description of Bonlanden's location on the edge of the Schönbuch forest goes back to 1851. The castle of the lords of Bonlanden once stood on this hill in the Middle Ages. Its ramparts and moat, which then formed the centre of the village, are still visible today.
The name Bonlanden recalls the fact that the site came into being through forest clearance – "Baum(=tree)landen".
As a result of the "predominantly barren soil" in the 19th century many men worked as seasonal construction workers whilst the women cultivated smallholdings and wove linen. Another source of employment was the production and distribution of brushes and brooms. In 1905 the vicar of Bonlanden noted that "since the opening of the Filder rail line the number of people employed in industry has grown from year to year. A large proportion of the population seeks employment in Stuttgart". In the 1920s and 30s Bonlanden increasingly became a working-class community.
After World War II many new housing areas were constructed and since the 1960s industry has settled here on a grand scale. Completion of the B27 highway means that local industries now have excellent access to important transport routes.
At the same time a school complex, sports facilities and the Fildorado leisure and waterpark were built between Bonlanden and Plattenhardt.
In 1989 the centre of Bonlanden, between the museum of local history, the village pond and Oberdorfstrasse, was renovated and restored to create an architectural treasure among the Filderstadt villages.

*View of Bonlanden from the west*

*Vicarage: The ground floor of the vicarage has walls measuring one metre in thickness. Here once stood the castle of the lords of Bonlanden'; the impressive ramparts and moats are of a type rarely seen in this region. The first documentary mention of Bonlanden (1269) and its coat of arms go back to the lord of the castle, knight Wolfelin von Bonlanden.*

Page 13

*The centre. View of the town centre from the south*

*Historic sign of the Crown tavern*

*Built between 1945 and 1949, Gutenhalde has been carefully restored as a historical monument and is now used by the social-therapeutic community.*

Page 14

**Church of St George * Local history museum* Alfons Fügel * Wine press**

*The church of St George, built in 1472. Bonlanden's centre has been preserved as an attractive ensemble consisting of the church of St George, vicarage and half-timbered houses. Through-traffic is now restricted and the village has been enhanced by a village pond and a water channel.*

Page 15

*The Bonlanden Town Hall was built in 1563, today it houses the museum of local history.*

*Bonlanden's most famous son is the opera singer Alfons Fügel (1912-1960). He was the son of a tile-layer in Bonlanden. From 1935 he trained as a singer, appearing at the Ulm, Munich and Graz opera houses, and in the 1940s was one of the most famous German tenors of the day.*

*The wine press is a reminder Bonlanden was a wine-growing community until the 1970s. Today, it the home of the Bonlanden section of the Swabian Alb Association and food and drinks are served.*

Page 16

**Herma * North Bonlanden * Fildorado * Church of our Lady * Bonlanden Tree**

*Modern industrial architecture – the Herma building*

*Modern living in north Bonlanden*

Page 17

*The Fildorado waterpark, completed in 2006, is one of the most modern in southern Germany.*

*The Catholic Church of our Lady, built in 1958, is the oldest Catholic church in Filderstadt. It has had a counselling unit since 2008.*

*"Bonlanden Tree" sculpture by Waldemar Beck and Herbert Häbich.*

**Harthausen**

Page 18

**Backdrop of the Swabian Alb * View from the south * Harthausen from above**

*Harthausen with a panorama of the Swabian Alb. Mörike called the Swabian Alb the "Blue Wall"; this can be seen particularly clearly in Harthausen.*

*Harthausen from the south-east*

Page 19

*Harthausen from the south.*

The old village centre extends along the Harthäuser Hauptstrasse, bends round at the church and continues along Grötzinger Strasse.
Harthausen – the name is derived from "Hart" or "woods", and hence merely means "houses near the woods". Because it was so small the village was very poor, since land taxes were once the primary source of income for local communities. It was not without reason that the people of Harthausen were often nicknamed "Kuahschelle" ("cow bell") or "Mockele" ("small cow"), since they only had cows or small horses as draught animals. In the 19th century in particular they engaged in the cattle trade. Most of the houses along the Harthäuser Hauptstrasse are small and are known as the "Seldner houses". They were home to small farmers who also practised other crafts and trades to supplement their income. From the 19th century many inhabitants of Harthausen were employed as seasonal construction workers.
Although the Filder rail line, which was completed in 1897, was a distinct improvement, the Bernhausen train station was still more than five kilometres away. It was not until 1925, when a bus line was established to Stuttgart, that Harthausen was directly linked to the public transportation system.
In the post-war decades Harthausen witnessed the greatest population growth of all the five districts which make up Filderstadt, rising from 600 to almost 4,000. Its panoramic view of the Swabian Alb makes it a popular place to live. At the same time there was extensive work on building schools and kindergartens, sport facilities and a small indoor swimming pool; new housing areas were created and land was designated for an industrial estate.

Page 20

**Local trade fair * Linden School * Market Square * Church* Three Lime Trees * Town Hall * Church of St Joseph**

*Local trade fair in Harthausen: local shops and businesses go to great lengths to ensure that purchasing power stays close to home*
*The Linden School – Harthausen's village school since 1907.*

*The redesigned Harthausen market square is not just the venue for the weekly market, it is also a popular meeting place for festivities such as the market square festival which takes place every June.*

Page 21

*The Protestant church, erected in 1838, was built in a plain, late neo-classical style. Characteristic of this style is a simple hall construction without a choir and a strictly symmetrical interior. Harthausen is one of the last late neo-classical churches to have been built before the neo-Gothic style in church building became dominant.*

*The three lime trees (434 above sea level) are Harthausen's landmark – however one of them had to be replaced in 1999.*

*Catholic church of St Joseph, builit in 1968.*

**Plattenhardt**

Page 22

**Antholianus Church * Aerial view * Panorama**

Mörike, the poem of the fire brigade and the Uhlberg Tower - these are what are generally associated with Plattenhardt and have made it famous. The village of Plattenhardt developed along the edge of the Schönbuch forest. It owes its name to its location: the meaning of Plattenhardt is "flat woods". In fact, 37 per cent of its area consists of forest and woodland. Until 1287 above the village, right at the edge of the Schönbuch, stood a castle belonging to the lords of Bernhausen, the making of a number of legends.
Because its soil was not very fertile, Plattenhardt was one of the poorer communities of the Filder and its inhabitants had to find other ways to supplement their meagre agriculturally-based income: by 1851 there were over 100 construction workers usually working in Stuttgart in summer. Others, such as inventor Jacob Brodbeck, the "father of US aviation", sought their luck by emigrating to America. Plattenhardt itself has produced various innovations: in 1925 a huge factory building with expressionist architectural elements was built in the Uhlbergstrasse. In the 1930s it sported a gliding club. And at the end of the 1950s Plattenhardt hosted the European greyhound-racing championships.
After World War II Plattenhardt also benefited from the general economic upswing: new housing and commercial areas. Overlooking Plattenhardt, in Weilerhau, a new school, a small swimming complex, sports arenas and new residential areas were built. This is also the site of the tennis centre which until 2005 was the venue for the Women's Tennis Grand Prix and made the name Filderstadt world famous.

*Antholianus Church. Renovation work in 1964 revealed the foundations of the earlier Romanesque church. The oldest parts of the present church are the late Gothic choir, dating from about 1480 and the nave from 1521. The tower in its present form was built in 1787. The Gothic crucifix of 1510 is also worthy of note.*

Page 23

*Plattenhardt from the southeast*

*View of Plattenhardt from the east*

Page 24

**"Snail" * Fire Brigade * Vicarage * Jacob Brodbeck * Eduard Mörike and Luise Rau**

*The "Snail" gets its name from its spiral staircase. It was built as a farmhouse in 1553 and extended in 1578. Since its restoration as a historical monument in 1998, it has housed a restaurant.*

*"D'Fuierwehr vo 'Plattahardt"*
*"My name is Jacob. And my grandfather was the smartest man in all of Plattenhardt…" – so begins the story of Plattenhardt's fire-fighting squad in "Schbatzaweisheit" by Martin Lang, a story that made the village famous throughout the country. It was to this story that the people of Plattenhardt owed the nickname "Fuierwehrleit" ("the firemen") or "Kröpf".*

Page 25

*Local market in the centre of Plattenhardt; in the background the vicarage where Eduard Mörike lived in 1829.*

**Jacob Brodbeck (1821-1910)**
*Jacob Brodbeck emigrated to the United States and was the first to construct a manned propeller plane in 1865. However, ultimately success eluded him as he did not have a motor – the internal combustion engine was not invented until later and it was not until 1903 that the Wright brothers first modified it for use in propeller planes. Brodbeck is known in the United States as the "father of US aviation".*

*Eduard Mörike was parish lay minister here for eight months in 1829 and became engaged to Luise Rau, daughter of Plattenhardt's pastor. Experts rank his letters and poems to Luise Rau among world literature. A plaque by Markus Wolf commemorates Eduard Mörike and Luise Rau.*

Page 26

**Uhlberg tower * Community Centre * Stone crosses * Lower Kleinmichel Mill**

*The Uhlberg Tower (469 metres above sea level) was built in 1963 by the Swabian Alb Association. In 1903 a wooden observation tower was built here. The tower provides an excellent view of the Schönbuch forest and Swabian Alb. Today it is run by the Plattenhardt section of the Swabian Alb Association.*

Page 27

*The Plattenhardt Community Centre – built in 2003 by a combination of private donations and financing by the Filderstadt local authority – houses businesses and medical practices, the local branch of the public library, a community hall and premises of local clubs and associations.*

*According to legend, these crosses commemorated the seven sons of the Ritter von Plattenhardt who fought and killed each other here. In fact, they are medieval expiatory crosses (probably from the 15th century) erected by criminals as punishment to atone for their crimes.*

*Two of the mills belonging to the Siebenmühlental (Valley of the Seven Mills) are located on Plattenhardt land. The older of the two, the Lower Kleinmichel Mill (Untere Kleinmichelesmühle), which was built in 1588 (photo), was converted into a saw mill in 1907. The Upper Kleinmichel Mill (Obere Kleinmichelesmühle), built in 1709, was still in use for grinding grain until the 1970s.*

**Sielmingen**

Page 28

**Church of St Martin * Aerial view from the north-west**

"The generally well-to-do inhabitants are particularly industrious, in a domestic and religious sense. They live very secludedly and rarely visit the local tavern. Agriculture, which comprises the inhabitants' major source of income, is practised with circumspection." – this is how Sielmingen was described in 1851. At that time Sielmingen comprised two different villages, Untersielmingen (Lower Sielmingen) and Obersielminger (Upper Sielmingen). Untersielmingen's old centre consisted of St Martin Church and town hall and extended along Sielminger Hauptstrasse. Obersielmingen was located primarily within the Enge Strasse – Kapellenstrasse – Lange Strasse triangle, the Gothic chapel was the centre. Not until 1923 did both communities unite – they have since merged owing to housing expansion. Although the number of commuters have grown since it was linked to the rail line in 1897, Sielmingen remained primarily agricultural until the 1950s and 60s. The reason for this was its generous boundaries and fertile soil. Even though the number of farmers has declined sharply in recent years, many village characteristics have been preserved: Sielmingen's clubs and associations ensure a lively sense of community that is particularly manifest in the annual Church Square Festival. The modern community centre "Sonne" is a forum for the wide range of club activities and also houses a stage for cultural events, particularly for cabaret and concerts.

*The Sielmingen Church of St Martin was built in 1489. Its interior has undergone many changes over the centuries. The baroque tower pinnacle was erected in 1754 after lightning destroyed the former Gothic pinnacle.*

*Entrance to the Church of St Martin dating from 1489*

Page 29

*Sielmingen from the south-east*

*View of Sielmingen with the Swabian Alb in the background*

Page 30

**The "Cock" tavern * Hahn memorial * Obersielmingen town hall * By the church * The "Sun" tavern**

*The tavern "„Zum Hahnen" (the Cock) – which has been here since 1817 – is one of the oldest hostelries in Filderstadt.*

*This plaque by Markus Wolf commemorates former mayor Jerg Hahn and his famous descendants, who included inventor and priest Philipp Matthäus Hahn, engineer Wilhelm Maybach, poet Eduard Mörike, philosopher Hegel and former German president Theodor Heuss.*

*The Obersielmingen neo-Baroque town hall, which was built in 1911. After only twelve years, in the course of the municipal reform of 1923, it lost its function when Obersielmingen and Untersielmingen were merged.*

Page 31

*The Sielmingen church is situated in an ensemble of old farmhouses, to the left the Sielmingn tithe barn dating from 1534, in the middle of the photo a farmhouse dating back to around 1590. Each year this is the fitting venue for the "Sielmingen Church Square Festival".*

*Sign belonging to the former "Sonne" tavern. The "Sonne" community centre was built on the site of the original tavern in 1987 and is used by many clubs and for cultural events.*

*A limited traffic zone has been established around the Sielminger church. In the background is the Sielminger tithe barn (Zehntscheuer) dating from 1534. This is where the "Sielminger Church Square Festival" takes place.*

Page 32

**Dietrich-Bonhoeffer-Gymnasium * Road Safety School * Cabbage processing plant * Traditional orchard meadows * Procession**

*The architecture of the Dietrich-Bonhoeffer School in the Sielminger Emerland is striking. It was built in 2003 to a design of Augsburg architects Löhle & Neubauer.*

*The Sielmingen training area for learner drivers and the road safety school for young people are known well beyond Filderstadt. They are both run by the Sielmingen motor sport club and provide fourth-grade children with road safety and cycling proficiency instruction.*

Page 33

*"We're from Sielmingen and we have cabbage" was the call of Sielmingen's farmers selling their cabbage throughout Württemberg. Their neighbours nicknamed them "Doorschich", meaning "stalk". There are still farmers in Sielmingen today who supply their cabbage and vegetables themselves to supermarkets, local markets or canteens. The Filder's largest cabbage factory is located in Sielmingen.*

*The many orchards in Sielmingen are a reminder of the nickname given to local people from Sielmingen: "Rüabamoschter", meaning "turnip cider". Apparently during a meagre year for fruit a local farmer added turnips to his fruit press.*

*The number of people who earn their livelihood from agriculture continues to fall. Nonetheless festivals and processions testify to Sielmingen's farming heritage.*

**Landscapes**

Page 35

**Steppach reservoir * Haberschlai heath * Bombach Valley * Bear Lake**

The word "Filder" is the old plural form of the word for field (Felder) and describes a fertile plateau that slopes down towards the east and lies between the River Neckar and the Aich valley. There have been settlements here since ancient times: in 1990 the remains of a Stone Age settlement dating back to 5000 B.C. were discovered near Bernhausen. Further findings from the Bronze Age, Hallstatt, Roman and Allemanni period are proof that this area was settled continuously over thousands of years. The Filder area was long Württemberg's granary and was long considered the store cupboard for the Residence City of Stuttgart. Although unprecedented commercial, residential and road building activity of the past 50 years has encroached into farming land the Filder area still remains predominantly agricultural. This is due to the natural factors in its favour and the market provided by the Stuttgart region. There has been a marked change in the landscape owing to the loss of the traditional orchard meadows (Streuobstwiesen) – until the 1950s the villages were surrounded by a broad belt of these natural orchards.

The airport's several extensions, the new regional trade fair centre, the designation of new areas for both housing and commercial building, and the new roads continue to reduce the land available for farming. The farming character of these communities has been fundamentally altered.
Nonetheless, hikers on the Filder plateau, and particularly in the wooded Schönbuch areas, are spoiled for choice – the Bombach valley, Bärensee (Bear Lake) and Uhlberg being cases in point.

*Despite its proximity to the airport the Steppach reservoir is a valuable biotope for many species of bird.*

*Sheep-grazing gave rise to the unique Haberschlai juniper heath which is habitat to 30 species of bird.*

Page 35

*The Bombach valley near Bonlanden*

*View of Bonlanden*

*In 1971, the "Bärensee" (Bear Lake) was created in the Bernhausen forest area. Today it is a popular leisure area and provides a valuable natural habitat for flora and fauna.*

Page 36

**Landscapes**

**Linden tree * Line of poplars * Orchard meadows* Farmscape**

*Lime tree in Esslinger Weg with Church of St Martin, Sielmingen, in the background.*

*Line of poplars near Bonlanden, with Reutewiesental in the background*

*Natural orchards at Haberschai*

*Varied farmscape near Sielmingen, with the Schurwald woods and the three "emperor's mountains" in the background.*

Page 38

**The environment**

**Orchard meadows * Apple juice * Photovoltaic plant * Haberschlai Heath**

Within a short time the tremendous changes on the Filder have resulted in massive land use, caused by housing and traffic development. Because of this, ecology is an important factor in land management. In 1985 Filderstadt became one of the first local authorities in Baden-Württemberg to appoint an environment expert. Since 1991 it has also had an advisory committee, consisting of representatives of various environmental groups, farmers and members of the town council.

Up until the 1940s many Filder villages were surrounded by traditional orchards. However, many of them fell victim to new housing and commercial centres. The valuable ecological function of these orchards, which cover an area of around 250 hectares, has since been acknowledged, in particular their importance to birdlife, the micro-climate and as a recreational area. Apple juice, marketed under the name of "Filderstadter Apfelsaft" is produced from the apples from these orchards in order to preserve this unique feature of the Filder countryside and to protect rarer types of apple from extinction.
A further measure is the Museum Orchard (Museumsobstgarten) which has been established at the secondary school in Bonlanden and where endangered species of fruit tree from the Filder have been planted. A special network was set up in 2008 to protect and preserve these traditional orchards.

*Fruit harvest in orchards*

*Delivering fruit to make apple juice*

Page 39

*Many buildings in Filderstadt are now equipped with photovoltaic panels, thereby contributing to protecting the environment. The largest of these is to be found on at the Ramsklinge waste disposal facility.*

*The Haberschlai in Bonlanden is cared for by the Bonlanden section of the Swabian Alb Association.*

Page 40

**The Bike House**

**Signposts for cyclists * Cycling tour * Reading-partnership volunteers * Support for older members of the community**

Filderstadt is trying to reduce the volume of traffic to protect the environment and improve the quality of life for the local population and has launched an extensive campaign encouraging greater use of bikes. It is promoting this environment-friendly mode of transport by various activities such as posters, cycling events, car-free Sundays or specially planned cycling tours.

*There are around 75 km of designated cycling routes to encourage more people to get on their bikes.*

*Pedal power for Filderstadt*

Page 41

**Civic involvement**

Since 2000 Filderstadt has had a department for community involvement and urban development which deals with strategic planning, implementing and documenting community involvement and whose aim is to encourage people to participate more actively in shaping local life.
The department has established two separate FORUMs for younger and older members of the community and set up a mentoring network which also provides annual training for community mentors. A registry of volunteers links potential volunteers with suitable projects and organisations where they can contribute their skills and expertise.
Civic involvement also includes introducing ways of allowing people to make an active and meaningful contribution to in all spheres of community life.

*"We are Filderstadt" – the motto for civic involvement*

*The reading partnership project: adults read aloud to primary school children.*

*Volunteers provide support and advice to older members of the community.*

Page 42

**Kindergartens**

**Kindergartens * Outdoor playgrounds * The children's farm * Animals on the children's farm**

Statistics show that the average age of people in Filderstadt is comparatively low. Owing to the influx of young families, the proportion of 25 to 45 year-olds is well above average.

Improving both the quality and quantity of childcare provision is a priority in Filderstadt's social policy. With more than 30 day-care centres for children – ranging from pre-school crèches to after-school centres -– Filderstadt is now at the top of the regional average.

Even outside kindergarten children are taken care of: no less than 45 public playgrounds are available to the children of Filderstadt.

*The design and outdoor facilities at kindergarten provide a stimulating environment for furthering the development of young children.*

Page 43

**Children's farm**

The children's farm is home to horses, ponies, sheep, goats, rabbits, chickens, guinea pigs and cats. This children's farm was created in 1986 from a farm on the outskirts of Bonlanden. It has an area for building huts and a large climbing frame, a riding area as well as recreational rooms with a kitchen, workshop and bicycle workshop and a woodworking room for the children. The children's farm is organised and run by a team of youth workers. The children are supervised by a number of full-time employees, who also organise a range of different events and activities.
The farm is sponsored by a local authority-funded charity.

*The children's farm is more than just an adventure playground: it provides opportunities to try lots of hands-on building and craft activities.*

*Looking after the animals is very popular.*

Page 44
**Schools**

**Jahn School * Classroom * Eduard-Spranger School * Waldorf School * Big Band * Seefälle School Centre * Procession**

Filderstadt offers all types of general education for each of its approximately 5,000 students: besides the three elementary schools, three secondary and a special needs school, Filderstadt also has the Fleinsbachschule in Bernhausen and the Realschule Bildungszentrum Seefälle in Bonlanden. The Eduard Spranger Gymnasium is located south of Bernhausen where the five districts which make up Filderstadt meet. Since 2003 Sielmingen has had a second Gymnasium-type school, the Dietrich-Bonhoeffer-Gymnasium, which is located in the Emerland area.
In addition, Filderstadt has an anthroposophist Waldorf School that is housed at Gutenhalde near Bonlanden.
Since 2006 there has been an all-day school at the Seefälle school centre, where a number of local organisations such as the adult education centre (Volkshochschule), Art and Music School, the Environmental Protection Department, the "Z" youth centre, the children's farm, local associations and businesses provide an interesting and varied range of activities.
All the Filderstadt primary schools provide optional all-day supervision including a midday meal. In each of the five Filderstadt districts there is a group providing supervision until 5 p.m.
The wide range of extra-curricular activities prove that school is more than just "cramming". There are various partnerships with schools in France, Great Britain, Italy, the US and Poltava in the Ukraine. There are also various music and theatre ensembles as well as many other clubs and associations.

Page 45

*On the Gutenhalde near Bonlanden is a Waldorf School for around 460 children from Filderstadt and surrounding area.*

*The reputation of the Big Band of the Fleinsbach School in Bernhausen has spread well beyond the Filderstadt.*

*The Seefälle School Centre in Bonlanden*

*Children from the Wieland School in Sielmingen at a procession*

Page 46/47

**Young people**

**Youth Council * Play-Mobile * Sports activities * Summer vacation programme**

Filderstadt pioneered the establishment of a directly elected young people's district council in 1987, the first of its kind in Germany. All young people between the ages of 14 and 17 are eligible to vote or stand for election. Issues are introduced and discussed by the young people's district council representatives themselves and have included topics such as cycle paths, a questionnaire for young people, public transport services or recreational activities for young people. In addition, it organises panel discussions, sporting events, concerts, cabarets and discos.
The "Z" youth and culture centre is a facility which is open to all children and young people. It is organised by the youth work organisation for Esslingen and Filderstadt, providing

children and young adults from 6 to 18 years of age with suitable activities and a place where they can meet others of their own age. In addition to a café with table football and billiard facilities it has various workshops offering courses in welding, silk-screen printing, pottery and bicycle repair. It also provides opportunities for creativity: two rehearsal rooms are available for bands to practise. An Internet café ensures that the "Z" centre is linked to the rest of the world. There are also facilities for photographic work and homework.
Full-time employees aided by a large number of volunteers are responsible for a colourful programme that includes concerts, theatres, discos, etc. "Z" also provides rooms for children's birthday parties, school parties or similar.
The "girls only" forum at the Milchhäusle ("little dairy") in Plattenhardt provides girls with a venue which is off limits to boys and where, among other things, they can try out table football undisturbed by their male counterparts.
The mobile youth work is a service for young people in Filderstadt. The streetworkers go into schools and places where young people meet to establish contact with them. They provide assistance to young people, especially with finding suitable premises and organising leisure time, but are also there to give support in difficult situations or with finding work or apprenticeships. They have premises in each area of Filderstadt: in the "Fuzo" in Bernhausen, the "Jugendhäusle" in Bonlanden, the "Bauwagen" in Harthausen, the "Milchhäusle" in Plattenhardt and the "Zirkuskarre" in Sielmingen.

*Meeting of the Youth Council at the "Z" children's, youth and culture centre.*

Page 47

**Summer holiday programme**

Since 1979 Filderstadt has organised comprehensive summer holiday programmes for children and young people. They are run by clubs and associations, churches, other organisations and local businesses. Summer holiday programmes feature a kick-off event, numerous arts and crafts activities, sports and games and trips. A programme of sight-seeing tours, hikes, etc. is available for older members of the community.

Since 2004 the "Z" children's, youth and culture centre and the children's farm has also been providing reliable activities for children during the school holidays. Other activities are provided by the churches and educational institutions. The Protestant forest retreat Bernhausen Forest at the edge of the Schönbuch has a long tradition of visits from children from all over the Filder.

*Kick-off event in the summer holidays with the Play-Mobile and the circus van*

*Archery organised by the Children's Sports School (KISS)*

*Tie-and-dying on a summer vacation scheme*

Page 48/49

**Sports**

**Women's heptathlon * Soccer * Judo * Volleyball * Schools' Run * Bernhausen Open Air Pool**

The Fleinsbach sports arena in Bernhausen is known at home and abroad for its tartan track. European and world records in the decathlon and heptathlon have even been broken here. The international Junior Track and Field Meeting has become very popular.

The Fleinsbach sports arena as well as all other sports facilities are used by a range of active sport clubs which have spawned many top athletes.

None of this success would have been possible if suitable training facilities were not available for popular and top competitive sports: 18 gyms and sports halls, including three that can be divided into three and one into four courts plus 12 municipal sports fields and six tartan tracks, all used by sports enthusiasts week for week.

But Filderstadt is also a venue for top-class sporting events. Sporting highlights include the international Whitsun tournaments in Plattenhardt and Bonlanden, the Bernhausen half-marathon in October and the "Rad-Kriterium" cycling competition for the LBS Cup, which is held in Plattenhardt in July. The Fildorado waterpark has even hosted Württemberg and German beach volleyball championships.

In 1992 the Filderstadt Sporting Community Association (Sportgemeinschaft Filderstadt e.V.) was founded to provide optimum conditions for both popular and competitive sports. Its members include seven sports and cycling clubs from the five Filderstadt districts.

The children's sport school (KISS) – which is organised by the Filderstadt Sporting Community – provides a varied interdisciplinary range of sports activities for 4-to-10 year olds in all five parts of Filderstadt under the supervision of qualified sports instructors.

For those who prefer serious swimming, there are a number of public swimming pools throughout Filderstadt, which are also used intensively by clubs and by schools for swimming lessons.

*Every year the Bernhausen Fleinsbach Stadium is the venue for an international decathlon and heptathlon event.*

Page 50

**The Fildorado waterpark**

**Indoor pool * Sauna * Architecture * Wave machine * Outdoor pool**

The Fildorado waterpark, which was opened in 1978, was one of the first of its kind in southern Germany. Completely modernised and refurbished in 2006, the Fildorado is an indoor and outdoor waterpark featuring something for everyone.
The heart of the complex consists of a pool for serious swimmers, an outside thermal pool (35 °C), a wave machine, a jet stream canal and two water slides both over 100m in length, including a black-hole chute. A special attraction is the dramatic "Schanzenrutsche" chute where you are precipitated through the air like a bird down to the water.
There is 5,000 m? of sauna area featuring nine different areas, stimulating coloured lighting and luxurious rest and relaxation rooms.
The third area is the fitness club with weight-training and cardio-training equipment, including facilities for individual training plans and continuous supervision.
In summer the Fildorado offers an outdoor pool with a large grassy area for sunbathing as well as more energetic activities. The sporting facilities include a beach volleyball court, which is regularly used for competition.

*View of the indoor pool area, the jet stream canal and the chute*

*5000 m² of sauna area*

Page 51

*The architecture of the Fildorado complex, designed by Kauffmann Theilig & Partner from nearby Ostfildern, is remarkable.*

*The wave machine is a special attraction for young and old.*

*The outdoor pool with sunbathing area and many other attractions*

Page 52

**Adult education**

**Family education centre * adult education centre: via ferrata * adult education centre: German course * Media education * Reading to children * Library**

Adult education and extra-curricular activities are provided by two institutions in Filderstadt: the adult education centre (Volkshochschule) and the family education centre (Familienbildungsstätte ). The Volkshochschule took up its activities in the 1960s using volunteers; since 1987 it has been active full-time, since 1993 it has been run by the Filderstadt local authorities. The Familienbildungsstätte was established in 1973 as a "working group for education and recreation".

The adult education centre (Volkshochschule), which is based in the Mörike School in Plattenhardt, sees itself not just as a place of learning but also as a community forum providing a wide range of projects and events, opportunities for meetings and discussions, and as an arts and health centre. It provides an opportunity to acquire basic skills, knowledge and expertise, thereby improving employment opportunities and facilitating professional mobility. It organises around 1450 courses and events a year, with around 18,000 participants.

The Familienbildungsstätte with its office in the Old Mill in Bonlanden represents the second pillar of adult education. It sees its function to support "family learning", focussing on issues such as health, birthing classes, childcare as well as work, housing, the home and the environment.

*Baby-care course at the family education centre*

*Outdoor training on a via ferrata*

*German courses for foreigners*

Page 53

**Municipal library**

In spite of the increase in electronic media the public library is still very popular, especially among the young. Besides 73,000 books the central library – located in Bernhausen – along with the branches in the four other Filderstadt districts, which are manned by volunteers, has a large selection of compact discs, videos, DVDs, games and newspapers. The library provides an extensive range of media for professional, school, private and leisure purposes. In collaboration with local schools the library also promotes reading for schoolchildren and has its own education specialist who organises book clubs, readings or theatre performances for and with the children. The library also holds an annual school literature day at which writers are invited to give special readings for school classes.

*Great importance is attached to media education for children.*

*Here, Paul Maar – a successful writer of children's books and former teacher at the Eduard-Spranger School – gives a reading at the library.*

*The library is a mine of information – with sources ranging from the book to the Internet.*

Page 54

**Filder Clinic**

**New entrance area * View of the entire clinic from the south * Maternity ward * Air rescue**

The Filder Clinic, which first opened in 1975 and has since undergone several extensions, is a modern hospital for acute and holistic medicine.

As a hospital for emergency treatment the Filder Clinic has departments specialising in anaesthesia, internal medicine, a centre for integrative oncology, paediatrics and psychosomatic disorders. It has modern diagnostics and therapies. It also offers patients anthroposophical medicine.

It primarily treats patients from the Filderstadt area, although many others come from further afield and even from abroad. Owing to its proximity to Stuttgart Airport and the Stuttgart Trade Fair Centre, the Filder Clinic also serves an emergency hospital.

The special anthroposophist therapies include therapeutic painting, drawing and modelling, speech formation therapy, music therapy and eurhythmy therapy. External applications or special anthroposophist medical remedies are used as well as art therapies.
The Filder Clinic also provides a varied cultural programme, organising regular classical concerts of the highest standards.

Since 1979 the German Red Cross has operated an emergency rescue service very close to the Filder Clinic.

*The redesigned entrance to the hospital*

*The reception area of the Filder Clinic is bright and suffused with light.*

Page 55

*Filder Clinic and the staff residential area viewed from the south.*

*Over 2000 babies are born in the Filder Clinic each year. Obstetrics and gynaecology are one of the hospital's special fields.*

*The hospital has a helipad for emergencies.*

Page 56

**The older generation**

**House on the Fleinsbach * Visitors * St. Vinzenz nursing home * Matinee for the elderly**

Approximately 20 per cent of Filderstadt's population are over 60 years old. This is why, in cooperation with volunteers, Filderstadt seeks to provide a diverse programme for its senior citizens.

There are active senior citizen clubs and meeting places throughout Filderstadt offering a varied recreational programme, such as country dancing, café afternoons, games and handicraft workshops, hikes and cycle tours. Each of the five districts within Filderstadt organises lunches for its senior citizens.

Filderstadt offers a social welfare centre for those needing long-term care, including an information and assistance office (IAV) affiliated to the local authorities, offering coordination and counselling services.

The "Haus am Fleinsbach" ("house on the Fleinsbach") is one of a number of residential homes and community centres for the elderly and is located in Bernhausen. It has 80 intensive nursing care beds and additional space for 12 daytime patients. Short-term care of up to six weeks is also possible.
The home offers a functions room, a modern café as well as therapy rooms for physiotherapy, etc. Day care has been in increasing demand lately. The object is to take the elderly out of their social isolation and to provide relief for carers.

*Socialising in the House on the Fleinsbach*

Page 57

*Surrounded by greenery and situated above the Valley of the Seven Mills (Siebenmühlental) near Plattenhardt lies the geronto-psychiatric St Vinzenz Nursing Home run by Caritas. An equal number of the 279 residents come from the region and from the Esslingen area.*

*Once a year Filderstadt organises a central afternoon event for the elderly with a programme of entertainment.*

Page 58

**Equality of opportunity**

**New careers for boys * New careers for girls * Intercultural family festival * International boules tournament * Art event * Turkish dance group**

Since 1988 the Equality of Opportunity Department has been promoting equal rights and opportunities for both men and women, girls and boys.
The following list contains just a few of the Department's projects and achievements:
- establishing professionally organised and new forms of childcare
- as of 2008 primary schools provide supervision until 5 pm
- encouraging and enabling women to become more involved in local politics Filderstadt has had an officer for women's affairs since 1991
- in 2000, after many years of debate, a shelter was set up in the area to provide a place of refuge for victims of male domestic violence and their children
- to help women return to work after a childrearing break by providing suitable training and re-qualification opportunities
- since 2002 it has taken part in the annual "Girls Day" which is organised to encourage girls to venture into careers which tend to be the preserve of men; for several years this day has also been used to give boys an opportunity to explore areas which have traditionally been dominated by women

In 2006 the Department – formerly called the Department for Women's Affairs – was renamed the Women's Office – Equality of Opportunity Department

*Boys having a tour through a "traditional" female domain at the maternity department of the Filder Clinic.*

*Girls getting first-hand experience in "traditional" male domains*

Page 59

**Intercultural relations**

Filderstadt is home to over 6,100 non-Germans, most of who originate from Turkey, Italy, Greece, Serbia, Montenegro and Croatia. Filderstadt sees this cultural diversity both as a challenge and an opportunity. The open forum for intercultural relations has existed since 2004. In 2007 it created a department for intercultural relations/integration whose remit includes promoting dialogue between different cultural groups, evolving an integration strategy and extending the accessibility of educational and government institutions and commerce to minority groups.

*Intercultural Filderstadt family festival in the Bernhausen sport arena*

*International boules tournament at Weilerhau*

*Art event for local and foreign schoolchildren on the occasion of the football World Cup*

*Turkish dance group*

Page 60

**Local history**

**Historic documents * Heritage walk * Town archive * Graveyard of concentration camp* Research into ancient buildings * Museum of local history* Wainwright demonstration * Brushmaker's workshop * Uhlberg Tower**

Many traces of the past can still be found in all of the Filderstadt's five centres, even though much has been lost through rapid urban change. In order to heighten the public's awareness of its local traditions, a historical walking tour through all five districts was created. 85 panels provide information on buildings and places of local historical importance and on archaeological monuments or ancient wells.

The recent research on the Filder's history are regularly published in the "Filderstädter Schriftenreihe" and thus brought to the general public's attention.

Since 1984 Filderstadt has a city archive with an office located in the Gothic chapel in Obersielmingen, which dates back to 1526. The five districts' historical papers and documents are stored here and are available for local historical research and to the interested public. The oldest document, originating from Plattenhardt, dates from the year 1483.

*Publications on local history*

*Heritage walk with 85 information panels*

*Ceremony at the graves of the Echterdingen concentration camp annex attended by a survivor*

*The Gothic St Margaret's Chapel, Filderstadt archive*

*Historical guided tour in Bonlanden (Open Monument Day 2008)*

Page 61

**Museum of Local History**

Gottlob Häussler from Bonlanden compiled a local historical collection over several decades. Since 1985 it has been housed in Bonlanden's former town hall, now called the Gottlob Häussler Museum of Local History. It is a museum of rural history, bringing together and presenting the various aspects of village life.
The museum devotes four floors to every-day life in the Filder area. It includes a corner grocery store, agriculture and forestry, village trades, childhood in the area, a historical kitchen, and much more. To preserve the

museum's appeal there are three annual special exhibitions on topics of local historical or general history.

*The Gottlob-Häußler Museum of Local History in the historic Bonlanden town hall*

*Demonstration of the now rare wainwright's craft in the museum*

*A typical brushmaker's workshop in Bonlanden*

*Model of the former Uhlberg Tower, built in 1903 and sponsored by the associations for processions*

Page 62

**Traditions/horse market**

**Horse market, 1930s * Young farmers and Filder cabbage * Maypole* Horse market: horse and cart * Horse market: awarding rosettes * Horse market: demonstration**

The five communities incorporated into Filderstadt were formerly at the heart of Württemberg and were strongly influenced by Pietism. The strict Protestant life-style, meant that many old traditions were no longer practised and in some cases were not passed down to future generations.
The characteristic pointed cabbage of the Filder, "brassica oleracea sphaerica pyramidalis", already widely cultivated on the Filder in the 18th century and symbol of this area, gave rise to a new tradition.
Farmers from Bernhausen and Sielmingen were for the driving force behind this – by marketing their produce themselves they were able to sell their Filder cabbage as far as Ulm and beyond, bringing fame to the modest Filder cabbage.
In the course of a general growth in interest in local folklore, Filderstadt has also witnessed the creation of new traditions in the last few years. Clubs and associations have played a particularly important role in this. Examples of this are: the Plattenhardt and Sielmingen Bakery Festival or the raising of maypoles in Plattenhardt, Bonlanden and Bernhausen and district festivals which are organised by the local clubs and associations.
Bernhausen's horse market is known far beyond Filderstadt. When it was founded in 1922 the promotion of agriculture was its priority. However, with the progressive motorisation of agriculture in the 1960s the horse market increasingly became a meeting point for horse-riding enthusiasts.
Today, spring and autumn markets are held in all five districts. The oldest of these, the Bernhausen market for local produce, dates back to 1872.

*Awarding prizes for horses at the horse market in the 1930s*

*Observing traditions of local clubs and associations: processions, reminder of the traditional cabbage growing and putting up the maypole (Plattenhardt)*

Page 63

*Equestrian driving demonstrations are among the most popular events at the Bernhausen horse market*

*Awards to individual horses*

*Demonstration and the Sielmingen Emerland riding stadium*

Page 64/65

**Clubs and associations**

**Volunteers * Music associations * Red Cross * Choirs**

Club and association activities, which at the time of the municipal reform numbered around 150, have always been a feature of life in each of Filderstadt's districts. Concerns that the reform would adversely affect these activities proved unfounded. In fact, the opposite was true: today Filderstadt has some 250 sports and recreational clubs and cultural associations representing an extraordinarily broad spectrum – from aquarium to model railway lovers.
Yet they all face competition from commercial leisure organisations and modern media. Other factors such as increasing public mobility and a general trend towards individualisation in society, which are not necessarily conducive to club life, should not be underestimated. So far Filderstadt clubs and associations have withstood these pressures extraordinarily well, and since the municipal reform the number of clubs and their members have increased continuously.
This is certainly due to the fact that both longstanding local residents and new arrivals have used organised events as a platform to publicise and promote interest in their activities. These events include the various festivals such as the Plattenhardt Street Festival, the Church Square Festival in Sielmingen, the "Bärenfest" or "Bear Festival" in Bernhausen and the "Saifescht" in Bonlanden. Raising the maypole in Plattenhardt and Bernhausen is another old tradition that has been revived. Every year on 30 April large numbers come to welcome in the spring.
Filderstadt contributes to the well-being of the local clubs and associations by providing premises, halls and other locations and actively encourages their continuation.

*Many people in Filderstadt are members of clubs, associations or contribute their services as volunteers*

*Music associations make a valuable cultural contribution to life in four of the Filderstadt communities*

*Blood donors responding to a call from German Red Cross*

*There are choirs in all five of the Filderstadt communities*

Page 66/67

**Fasnet * Fruit and vegetable growing association * Fire brigade* Motor sports club * Young farmers * Domestic animals * One World shop**

*One of a number of enthusiastic new Carnival clubs storms the town hall*

*Traditional cider press – being demonstrated at a local festival procession*

*Each district has its own voluntary fire brigade: here at a fire practice at the Fildorado water-park*

*Vintage car rally organised by the Sielmingen Motor Sports Club*

*Procession float with farmyard animals*

*Committed volunteers help out at the Bernhausen One World shop*

Page 68

**Music**

**Flippmanns * Choirs * Chamber orchestra* Music School brass band * Music School string musicians * Music School children's choir * Intercultural orchestra**

Music is an integral part of life in Filderstadt. Classical music enthusiasts are served by an excellent concert hall, the FILharmonie, which offers classical music and music theatre subscription tickets.
The Filder Clinic and the Waldorf School also provide a varied and interesting programme of cultural events, entitled "Culture at Gutenhalde".

Filderstadt also has a very long musical tradition which goes back to the first choirs in the 19th century, the oldest one being the Bonlanden Choir Circle, founded in 1867. Nowadays clubs and associations play an important role in Filderstadt's musical life and give a wide range of public performances and concerts.

Each of the five districts has a range of musical clubs, and Sielmingen and Bonlanden even boast accordion orchestras.
Another important element is church music and there are active church and trombone choirs throughout Filderstadt which give public performances in churches. The Filderstadt "Organ Summer" is a more recent tradition. The schools with their own ensembles and choirs, in particular the Big Band of the Bernhausen Realschule and the orchestra of the Eduard-Spranger-Gymnasium, also make a valuable contribution to the town's musical life.
The Filderstädter Kammerorchester is a classical chamber orchestra which performs not only in more classical concert halls such as the FILharmonie but in less conventional venues such as a local organic market garden.

But Filderstadt also has a whole range of other music groups, such as the legendary "Flippmans", which was formed in 1983, or "Halbe He".

*Flippmanns jubilee concert in Bonlanden*

*Several local choirs joined forces on a joint project.*

*Philharmonic chamber orchestra in the FILharmonie concert hall.*

Page 69

**Music School**

The exceptional work of the music school includes furthering our children's early musical education, individual instruction on all types of instruments, singing and voice training, providing instruction at a range of levels from elementary to masterclass.
The music school's many ensembles and orchestras have ensured that there is no shortage of young musicians in Filderstadt and this is reflected in the involvement in local choirs, bands and orchestras. Many children's operas, ballet performances, orchestra and solo concerts have been possible as a result of this commitment. Numerous concert tours in Germany and abroad have contributed to the music school's good reputation. The activities of the music school and its involvement in a wide range of local events have made it an integral feature of life in Filderstadt. There has also been frequent and fruitful cooperation between Filderstadt and its twin towns on musical projects.
With around 1,200 students and 50 music teachers, musical standards are high and a wide array of musical awards and prizes are regularly collected in regional and national competitions.

*Intercultural ensemble with members from Greece, Turkey and Germany*

Page 70

**Fine Art**

**Bradler sculture* Domberger Gallery* Municipal Gallery * Diedenhofen sculpture* Rosalie sculpture* Smithy art school * Summer art school* Illustration * Woodworking room at the art school**

Since 1986 the Filderstadt Art Gallery (Städtische Galerie) has been housed in Bernhausen's community centre and exhibitions are organised by the Association of Filder Artists.

The Filderstadt Art Club, established in 1982, is committed to supporting local artists and presents regular exhibitions of their work to the public in the foyer of the Uhlberg Hall in Bonlanden.

Another form of arts patronage is the Atelier House in Plattenhardt, which gives artists affordable access to a shared atelier.
Anyone wanting to hang an original work of art in their own home can have a temporary loan from the Filderstadt artotheque.
In recent years works of art have increasingly been exhibited in public places. Examples of this are the large "Filderspiel" sculpture by Robert Schadt on the grounds of the local railway and the "Rainbow" installation by Rosalie in front of the FILharmonie concert hall.

*Alfred Bradler's "SAPRI" sculpture on the roundabout of the Affelter industrial estate in Bonlanden*

*Domberger collection*

*Talking to artists at the Municipal Gallery*

*HWP Diedenhofen's "Dialgoue" in the FILharmonie concert hall*

*Rosalie's "Rainbow" sculpture in front of the FILharmonie concert hall*

Page 71

**Art School**

Filderstadt has had an art school since 1989. It offers children, young people and adults various artistic media in which to work – painting, drawing, sculpture, ceramics and photography, dance and theatre. Regular exhibitions, productions in public spaces, projects with local kindergartens, schools, local business and ongoing projects with local schools foster closer links between the Art School and the community and have generated much interest both in Filderstadt and beyond. The Art School is based in the Schiller School in Plattenhardt and operates in conjunction with the adult education centre.

*Art classes at a former smithy in Bonlanden*

*Art courses have become very popular in the school holidays: here the first event of the summer holiday scheme*

*Enthusiastic young carpenters in the woodworking room*

Page 72

**Culture weeks**

**Historic market * View of the Swabian Alb * Mörike heritage trail * Filder theatre * "die eulen" theatre company**

A special feature of the Filderstadt arts promotion activities are the Filderstadt Culture Weeks, which are held every two to three years. These always focus on a particular writer in conjunction with a topic of social interest. The Culture Weeks, which focus on literature, include theatre productions, cabaret, public readings, lectures and exhibitions. Highlights of the last few years have been the topics "Mobility" (2001), the Mörike Jubilee (2004) and the literary "View of the Alb". The hallmark of the Culture Weeks are the special drama and music productions created specifically along the festival theme and generally performed in the open air.

A cooperation project between various municipal sponsors of the arts – known as "Salon 43" – meets three to four times a year. These events include readings, cabaret, singing and exhibitions and are held at venues such as the adult education centre, the local history museum or the Alfons-Fügel-Hall.

In addition to the Culture Weeks Filderstadt also organises the "Rockmedia" – past topics include 50 years of Rock'nRoll, 40 years of Rock and Pop, Culture in the Fifties.

*Children trying their hand with quill and ink and the old German script, at the historic market in Plattenhardt as part of the Mörike Festival*

*Themed reading near the Uhlberg Tower during the cultural festival on the subject "View of the Swabian Alb"*

Page 73

**Theatre**

Two amateur theatre groups have firmly established themselves in Filderstadt by presenting at least one new play a year. The Filderbühne (Filder Theatre), established in 1977, was initiated by the family education centre. It has since become a firmly established amateur theatre group. Its work does not only include "just" acting but also stage set design and construction, making costumes and much more. The Filderbühne has performed mysteries as well as comedies, farces and fairy tales.

The other amateur theatre company is "die eulen" or "the owls", which was established in 1979. Their stage is not far from the Filderbühne – in the Weilerhau Pavilion in Plattenhardt. "die eulen" have performed various children's plays such as works by Michael Ende or Paul Maar. The company is a member of the literature group and co-organiser of the Filderstadt Culture Weeks. Past performances have included Brecht's "Mother Courage" and Dürrenmatt's "The Physicists".

*"Beauty and the Beast" at the Filderbühne theatre*

*"die eulen" theatre company putting on a performance of "The Canterville Ghost"*

Page 74

**FILharmonie**

**Pop concert * FILharmonie concert hall * Major events * Trade Fair Centre * Congress * Seminar**

With over 120,000 visitors per year the "FILharmonie Culture and Conference Centre", which was completed in 1994, is a vital forum for culture and exchange in Filderstadt.
In just a few years it has made a name for itself in the Stuttgart region – not just as a cultural centre but also as a convention and conference venue.
Conveniently situated for the airport and autobahn it now hosts 600 events a year, and has become popular location for business and political conventions alike.

*The large stage at the FILharmonie concert hall is popular with performers and fans.*
*Rosalie's "Rainbow" sculpture, which was put up in front of the FILharmonie in 2004*

Page 75

The sophisticated technical equipment of the auditoria and conference rooms has given the FILharmonie an excellent reputation as a location for conventions, conferences and seminars.

A number of trade sectors – such as IT companies, the electrical, building and auto industries, kitchen manufacturers and office designers – hold trade fairs at the FILharmonie.

Members of the local community also use the FILharmonie for private functions, which are well catered for by the "Kulisse" restaurant.

*Daimler CEO Dieter Zetsche at the FILharmonie*

*Communication is paramount at trade fairs*

*Congresses provide an opportunity for companies to exhibit*

*Seminars are the most common type of congress*

Page 76

**Musical * Rock concert * Ballet * Comedy * Musical theatre * String quartet * Piano recital * Theatre**

The FILharmonie offers a broad cultural programme: there are subscriptions for musicals, classical concerts and theatre and two children's theatres.
Many international stars of classical music, rock and pop have appeared at the FILharmonie.
Special projects, cabarets, exhibitions and readings underscore the diversity of the events offered.
Local clubs use the FILharmonie for concerts, balls, anniversaries and other occasions.

Page 78

**Business**

**Bernhausen industrial estate * Air cargo centre * Modine * Production line**

The Filder area is one of the prime business locations in the Stuttgart region. It owes this to its proximity to the A8 autobahn, the B27 federal highway and the airport. It is also conveniently situated for the universities in Stuttgart-Vaihingen and Stuttgart-Hohenheim.

Filderstadt's economic structure is characterised by business diversity and small businesses which include machine construction, computer processing, electronics, printing and construction. Even though its economy is powered primarily by Bernhausen and Bonlanden, its economic motor is by no means limited to these areas.

Filderstadt's economic planning supports businesses by implementing a policy of preserving existing jobs and creating new ones by designating areas for business, industry and services. Areas which are closest to national transportation routes are favoured for commercial construction projects.

It also seeks to maintain a diversity in the job qualifications required for newly created work places to ensure a healthy "business mix".
A further goal is to appropriate space sparingly. Because of the limited area available on the Filder preference is given to businesses that need the least amount of space.

*Bernhausen industrial estate and air cargo centre*

Page 79

*Air cargo centre on the southern perimeter of the airport*

*Administration and research centre of international automotive supplier Modine*

*Modern production line at Herma*

Page 80

**Jobs**

**Air traffic control * Civil engineering * Local business * Electrical engineering * Restaurant * Beer garden**

Filderstadt provides jobs for over 16,000 people. Over the last few decades the general increase in service industries has been reflected here too. In the 1950s and 60s the majority of companies were involved in production, whereas nowadays production accounts for only 28 per cent of jobs and services for 72 per cent.
Around 8,000 people commute to and 13,000 from Filderstadt.

*Monitoring air traffic at the control tower on the edge of Bernhausen*

*Assembling concrete components for a factory building*

*Making windows at a local joiner's*

*Assembling electronic components*

Page 81

**Hospitality**

Culinary Filderstadt: whether plain cooking, foreign specialities or outdoor beer gardens, Filderstadt's restaurants have something for everyone.
Filderstadt has a wide selection of hotels for visitors and now has 100,000 overnight stays per year.

Page 82

**Services**

**Bank * Food * Bookshop * Wine store * Bookbinding * Sculpture* Joiner * Scaffolding company * Baker**

The structure of our villages has been shaped by the many small businesses and service providers which offer a wide range of high-quality goods.
Local trade and business associations organise trade fairs and service presentations in every district on a regular basis in order to publicise their high-quality trade products and skills and to ensure that local buying power stays local.

Page 83

**Craftsmanship and the trades**

Local businesses and trades are a driving force in Filderstadt's economic activity: there are more than 500 small, family-run businesses in Filderstadt.
The building industry has a particularly long tradition in the Filder area. At the beginning of the 20th century construction workers were the largest individual group of workers and many were employed in Stuttgart.

Page 84

**Transport**

**B 27 * A 8 autobahn * Cycling * Roundabout * Bernhausen station * S-Bahn**

Filderstadt's excellent location within a traffic network, between the A 8 autobahn and the B 27 federal highway is a widely acknowledged asset.
And yet, with its increase in noise and pollution mobility is exacting an ever greater price. Estimates show that traffic in the Filder region will increase considerably particularly on the A8 and B27.
The people of Filderstadt are certainly burdened by through-traffic; much of it is, however, "home grown". For this reason, Filderstadt is trying to encourage alternatives to the car, which includes furthering the use of bicycles and local public transportation, as well as setting up 30 km/h speed zones.

*Filderstadt-East exit from the B 27 at the Bonlanden industrial estate*

*A 8 autobahn – linking Filderstadt to the main national road network*

*Roundabout - to keep traffic speeds down*

*Pedal power for Filderstadt – on an extensive network of cycle paths.*

Page 85

**Local Train Network (S-Bahn)**

The planned extension of the local train network from the airport to Bernhausen represents a great improvement to local public transportation. The half-hourly service means that Filderstadt now has a direct rail-link to Stuttgart and the Stuttgart region and that the airport and the new trade fair centre are only four minutes away.
The station also provides parking facilities for over 350 cars. The Bernhausen bus station is adjacent and the bus timetable is dovetailed with the train times, ensuring that all five Filderstadt districts are linked to the public transportation system.

In 1990 Filderstadt became one of the first towns in Baden-Württemberg to enforce a speed limit of 30 km/h throughout the town.

*The S2 local train line brings Filderstadt closer to Stuttgart: just 30 minutes to the city centre*

*The station of the former Filderbahn, dating back to 1897, is a reminder of Filderstadt's railway heritage*

*The S-Bahn is used by large numbers of commuters*

Page 84

**Airport**

**Airport * Air cargo centre* Tower * Trade Fair Centre**

Filderstadt is located in the immediate vicinity of Stuttgart's international airport and has also felt the impact of the general increase in air traffic over the past few years. The airport handles more than 10 million passengers a year, of whom one third are on internal and two thirds on international flights.
Parallel to this, the number of jobs provided by the airport has increased. Around 250 businesses here employ more than 10,000 people, of whom 15 per cent come from Filderstadt.
Most of the airport, particularly the 3,345 metre-long take-off and landing strip, lies on Bernhausen territory. However, the rest of the airport buildings are in Echterdingen.
Also on Bernhausen land are the adjacent cargo handling centre, the Baden-Wurttemberg police helicopter fleet and a US airfield used by the US military.
It goes without saying that relations between Filderstadt and the airport have not always been harmonious. Recent decades have seen debate and controversy on the noise and pollution associated with extending the runway and the resultant loss of agricultural land.

*Stuttgart Airport – Filderstadt's northern neighbour*

*The air cargo centre on Bernhausen's northern perimeter*

*The tower, completed in 1995, lies on the edge of Bernhausen. Since 1999 it is also home to the regional headquarters of the German Meteorological Service (Deutscher Wetterdienst) which is responsible for weather forecasting in Baden-Württemberg.*

Page 87

**The Trade Fair Centre**

The Baden-Württemberg trade fair centre, which was opened in 2007, is in the immediate vicinity of Filderstadt and has direct access to the public transportation system. It provides 105,000 m? of indoor exhibition space and 40,000 $m^2$ of outdoor space plus a multi-functional Congress Centre. The trade fair centre greatly enhances Filderstadt's status as a commercial location and provides an enviable boost to local businesses in terms of new opportunities and markets as well as to the local hospitality sector.

*The Trade Fair Centre is a venue for numerous exhibitions – within easy reach of Filderstadt*

*The New Trade Fair Centre, Bernhausen in the background*

Page 88

**Agriculture**

**Cabbage harvest * Lettuce fields * Cabbage fields * Lettuce harvest * Farm shops * Irrigation**

The historical importance of agriculture is already evident in the name "Filder", mentioned in historical documents for the first time in 1267. For centuries the Filder area has been known for its fertile soil and played an important role as Stuttgart's storehouse. The "Filder Spitzkraut" or pointed cabbage has been a special symbol of this area since the 19th century, although the Filder cabbage is by no means its only agricultural product. Since the sharp decline of the cabbage processing industry farmers have adapted to the changed market conditions and switched to types of vegetables which they can sell on the Stuttgart wholesale fruit and vegetable market, through commercial channels, to the retail trade and local markets. More recently many producers have started selling directly to customers from the farm.
Despite the drop in the number of farms over the last few decades agriculture in the Filder area still continues to prosper.

*Cabbage harvest – cabbage is still important to the Filder area The once so typical pointed cabbage has now been more or less completely replaced by round varieties.*

*The different varieties of lettuce fields give a splash of colour to the landscape.*

Page 89

*The once familiar cabbage fields have now given way to other types of vegetable, and are no longer harvested by locals.*

*Many farmers now sell directly to their customers: a farm shop in the Filder area.*

*Lettuce cultivation requires more irrigation than cabbage growing.*

Page 90

**Partner towns**

**Dombasle * La Souterraine * Oschatz * Poltava * Selby**

Filderstadt has five city partnerships. In 1972/73 Bernhausen established relations with the two French towns La Souterraine and Dombasle, which are maintained via intense contacts with schools, associations, etc. In 1988, together with the neighbouring towns Leinfelden-Echterdingen and Ostfildern, a partnership was established with Poltava in the Ukraine and in 1990 with Oschatz in Saxony. In 2002 the English town of Selby officially became Filderstadt's fifth twin town.
The partnerships between towns are sustained and inspired by contacts between their citizens, and exchanges between schoolchildren, artists, sports enthusiasts and musicians. Many local clubs and associations are actively involved in the activities and events organised with the twin towns. The Poltava Association, the Franco-German association and the German-British Association collaborate closely with the various twin towns.

**Dombasle**

Dombasle in the department of Meurthe-Moselle, 13 km south of Nancy, has a population of around 10,000.
First mentioned in the 8th century, it has its roots in antiquity.
To the west and south of the historic centre is a large industrial area: The city has been strongly influenced by the Solvay factory and its docks on the Rhine-Marne Canal, established in 1873. There is a large chemical factory that distils liquid chlorine and various types of soda with all its by-products. There are also salt-works which produce a large quantity of table salt.
Life in Dombasle today is very lively, there are many active associations and clubs. The highlight of club life is the biennial Quiche Lorraine Festival with its large procession.

*Dombasle town hall*

*Quiche Lorraine festival in Dombasle*

**La Souterraine**

La Souterraine is in central France in the La Creuse department and has a population of 6,000. Many traces of the middle ages are still visible. Notre Dame church, which dates back to the 11/12th century, and its fascinating crypt are of great historical interest. Its landmark is the 13th century fortified St John's tower, part of the fortifications. During the age of absolutism when France became increasingly centralised its importance waned, like many provincial French towns at that time. In recent decades, however, it has witnessed an extraordinary renaissance. With fifteen schools, an old people's home, community centre, cinemas, library, sports stadium, etc., it has since become a cultural, social and economic centre of the region.

*Medieval church of Notre Dame in La Souterraine*

*La Souterraine town hall*

Page 91

**Oschatz**

The city lies between Leipzig and Dresden and has a population of 20,000. The name Oschatz was first documented in 1200. In 1238 it was first described as a "town". It reached its peak between the 15th and 16th centuries when it was the most important location for cloth production in Saxony. Many townhouses, the Renaissance town hall as well as the late Gothic church of St Aegidien date from this period.
Industrialisation gained a foothold when it was linked to the Dresden-Leipzig rail line in 1839: carriage construction, felt production and processing as well as wool production dominated the city's economy. Oschatz, as Seat of the State District, received many important institutions such as a hospital, schools, teaching seminars, etc.
The city's attractions include the historic centre with city walls, the museum of local history and the 50 km narrow-gauge railway.

*The Neumarkt with the town hall and the church of St Aegidien in Oschatz*

**Poltava**

The Ukrainian city of Poltava, population 320,000, is situated on the banks of the Vorskla, a tributary of the Dniepr. The city was first mentioned in 1174. Poltava owes its fame to the battle of Poltava in 1709 when Peter the Great defeated Charles XII of Sweden and thus won the Second Nordic War. In the 18th and 19th century Poltava was a quiet provincial city.
Today it has five institutes of higher learning, a gravimetric observatory, several museums and theatres. The city has many parks.
In Poltava there are many industries. Of special note are the chemical works and factories for the production of artificial diamonds and diamond tools.

*Poltava town hall*

**Selby**

The little town of Selby, with a population of 13,000, lies in the north of England in the county of Yorkshire between York and Leeds. Its Gothic abbey, which was founded around 1069, is one of the most beautiful churches to be found anywhere in England. It is one of the few completely preserved and one of the biggest medieval British churches. Legend has it that St Germain appeared to Benedict of Auxerre in a dream, ordering him to found an abbey at the place where three swans left the river. The three swans now figure in the coat of arms of both the abbey and the town.
Selby lies on the River Ouse and has an important port. In former times it had a flourishing shipbuilding industry. Nowadays, it is an important rail and road hub. The food processing industry, particularly processing local agricultural products, plays an important role. Until 2004 there was extensive coalmining in Selby. At the time it was the site of one of the world's largest mining projects and two large coal power stations. However, mining in Selby became increasingly unprofitable owing to falling coal prices. The last pits closed in 2004. Today agriculture in the Selby area flourishes and Selby is famous for its picturesque market.

*Selby Abbey*

**Portrait de Filderstadt**
**Album édité par la ville de Filderstadt**

Page 2/3

**Filderstadt, c'est nous !**

Page 4/5

**Filderstadt**

**Bienvenue à Filderstadt * Filderstadt – Une ville jeune * La plaine des Filder vue du ciel**

Les Filder - une région encore essentiellement agraire il y a une cinquantaine d'années - font partie, entre-temps, de la région à la croissance la plus forte au sein de la grande agglomération de Stuttgart. Depuis la deuxième guerre mondiale, les Filder ont été le théâtre, en quelques décennies seulement, d'une poussée d'urbanisme formidable. Les villages ruraux sont devenus des banlieues résidentielles dotées d'équipements pour les loisirs ainsi que de sites industriels attrayants. Elles sont très appréciées pour leurs environs; Schönbuch et Schwäbische Alb, lieux privilégiés de détente. Toutefois, la proximité de l'autoroute A8 et de l'aéroport ont considérablement contribué à faire des quartiers de Filderstadt des sites industriels et commerciaux très demandés.
Filderstadt est la ville des contrastes: production de haute technologie (par ex. cartes à puce) ou un des parcs aquatiques les plus modernes de la région d'un côté, et de l'autre des coins pittoresques avec de vieilles maisons à colombage, des vieux bourgs où les jardins rustiques sont amoureusement entretenus et où l'agriculture est encore vivante. Cette dichotomie est typique des communes de la région de Stuttgart, et pas sans charme. C'est ce qu'on peut appeler une urbanisation sans urbanité. La recherche difficile d'une voie médiane ménageant les exigences les plus diverses.
Filderstadt est né lors de la réforme communale de 1975: les cinq communes Bernhausen, Bonlanden, Harthausen, Plattenhardtt et Sielmingen ont fusionné pour devenir une ville qui est aujourd'hui, avec 44.000 habitants, la deuxième du district de Esslingen. Certes, la réforme communale fit l'objet de nombreuses critiques. Cependant, on ne pouvait pas ne pas voir les chances de cette fusion destinée à former des unités administratives plus importantes. Eu égard aux conflits d'intérêts pour les fonctions touchant à l'aménagement du territoire comme l'habitat, le travail, le trafic ou la protection de l'environnement, une planification coordonnée en unités plus amples est indispensable. On aurait pu, ainsi, éviter certaines erreurs faites dans les années 50 et 60.
Des unités administratives plus grandes signifient également une représentation plus efficace des intérêts des Filder vis-à-vis de la ville de Stuttgart ou de la région, comme dans la question du RER desservant Filderstadt.
Bien sûr il ne s'agit pas uniquement de promouvoir l'identité de toute la ville de Filderstadt mais également de conserver l'originalité des différents quartiers ainsi que leurs plus anciennes et récentes traditions. En effet, la vie associative continue à prospérer, témoins en sont les festivités organisées par les groupements d'association. Il est réjouissant de voir également que de nombreuses associations se sont formées ou que des associations locales se sont regroupées au niveau municipal.
L'espoir d'acquérir une identité commune repose finalement sur la jeune génération. Les établissements scolaires jouent ici un rôle d'intégration capital.

**Bernhausen**

Page 6

**Eglise Saint-Jacques * Gare de Bernhausen * Bernhausen à vol d'oiseau * Bernhausen côté nord**

Bernhausen n'est pas seulement le plus grand quartier de Filderstadt, mais aussi le plus ancien: la première mention remonte à 1089 et représente ainsi l'enregistrement documenté le plus ancien d'un lieu dans les Filder.
Le vieux bourg s'est développé entre l'église et le château, le long du Katzenbach aujourd'hui emprisonné dans une canalisation. Le lieu a été limité par les deux rues parallèles au ruisseau, la Rosenstraße et Hintere Gasse.
Bernhausen doit son développement notable à deux facteurs: des champs fertiles ainsi que la route d'Alb qui reliait Stuttgart à Ulm, via Metzingen, et qui traversait Bernhausen.
Après la construction de la ligne de chemin de fer du Wurtemberg vers Ulm, en 1850, la position stratégique de Bernhausen perdit de sa pertinence. La population se concentra sur l'agriculture: les Filder devinrent le centre de la culture du chou, en particulier pour alimenter les besoins de la grande ville toute proche.
Il a fallu attendre la deuxième guerre mondiale pour assister à l'installation massive d'usines (le long de la voie de chemin de fer des Filder) qui appréciaient également la proximité de l'autoroute et de l'aéroport.
Ce fut le début de l'implantation de nombreuses zones résidentielles pour lesquelles, les dernières décennies, on a créé l'infrastructure nécessaire: le vieux bourg de Bernhausen abrite aujourd'hui de nombreux magasins, mais également des cafés et des restaurants; en outre Bernhausen possède une piscine couverte, des salles de sports, la Galerie Municipale, une maison des jeunes, etc.

*La tour de l'église Saint-Jacques, érigée en 1422, est le bâtiment le plus ancien de Filderstadt. La nef de l'église ainsi que le choeur ont été achevés en 1475.*

*A Bernhausen, la station du RER est devenue le nouveau lieu de rencontre grâce à un café fort accueillant. Dans l'ancienne gare de 1897, cadre historique et décor moderne se marient harmonieusement.*

Page 7

*Le centre de Berhausen vu du sud*

*Berhausen vu de la tour de contrôle*

Page 8

**Mairie * Gotthard Müller * Cimetière perpétuel * «Petit château» * Marché aux chevaux * Conserverie de choux**

*Ancienne mairie. La partie la plus ancienne de ce magnifique bâtiment à colombage date de l'année 1616. Le colombage du premier étage est un peu plus récent. Ce bâtiment abrite aujourd'hui une partie de l'administration municipale.*

*Johann Gotthard Müller( 1747-1830), né à Bernhausen, a fait ses études à Paris avant de devenir professeur à l'école d'enseignement supérieur de Stuttgart, de 1776 1774. Goethe écrivit de lui en 1797: «La gravure sur cuivre atteint vraiment ici (à Stuttgart) des sommets; le professeur Müller est un des plus grands artistes de cette discipline.»*

*«Cimetière perpétuel»*
*En 1871, la communauté piétiste de Bernhausen a édifié un cimetière privé dont les tombes ne devront jamais être abandonnées.*

Page 9

*Depuis sa restauration en 1998, le «Petit château» (Schlössle) est un véritable bijou architectural au centre du village.*

*Présentation des attelages lors du marché aux chevaux de Bernhausen.*

*La culture et le commerce du chou ont déjà une longue tradition à Bernhausen. Les cultivateurs de Bernhausen se concentrent depuis les années 60 sur la culture maraîchère et sa commercialisation. Bernhausen est, aujourd'hui, de loin, la commune des Filder où la culture du chou est la plus intensive.*

Page 10

**Tradition et modernité * Marché hebdomadaire * Sculpture à la gare * Tour de contrôle * Casa Medici**

*Rencontre de l'ancien et du moderne : nouvelle banque et maison à colombages du XVIIe siècle*

*Le marché a lieu deux fois par semaine dans la zone piétonne. A gauche, «Marie aux choux», sculpture de Kurt Grabert.*

Page 11

*Sculpture de Robert Schad, sur le parvis de la gare depuis 2001.*

*Architecture moderne aux confins du village : la tour de contrôle*

*Architecture moderne au cœur du village : la Casa Medici abrite cabinets médicaux, magasins et café.*

**Bonlanden**

Page 12

**Vue d'ensemble * Presbytère * Bonlanden vu du ciel * «Krone» * Gutenhalde**

Bonlanden est construit «en partie sur la hauteur et en partie sur les pentes de la vallée du Bombach qui commence ici.» C'est ainsi que fut décrite avec précision, dès 1851, la situation de ce lieu situé en lisière de Schönbuch. Le château des seigneurs de Bonlanden, qui coiffait la dite «hauteur» au moyen âge, et dont on voit les traces encore aujourd'hui à travers le rempart et le fossé, est encore le centre du village. Le nom de Bonlanden renvoie au fait que le village est né de l'essartage de la forêt - «Baumlanden» (Pays des arbres).
Les «sols étant en grande partie peu rentables», nombreux furent les hommes qui, au XIXème siècle, sont partis «comme ouvriers du bâtiment pour la saison, tandis que les femmes, outre la petite agriculture, pratiquaient le tissage du lin». La fabrication et la vente de brosses et balais constituaient une autre source de revenus. En 1905, le pasteur du village écrivait : «Depuis l'ouverture du chemin de fer des Filder, le nombre des usines croit d'année en année. Une partie considérable des habitants cherche à gagner son pain à Stuttgart». Dans les années vingt et les années trente, Bonlanden s'est transformé en bourg ouvrier. Après la deuxième guerre mondiale, on a vu la création de nombreuses zones résidentielles. L'industrie s'est massivement implantée dans les années soixante. Depuis l'achèvement de la B 27, la zone industrielle dispose d'excellentes voies de communication. En même temps, on a construit entre Bonlanden et Plattenhardt un centre scolaire ainsi que des salles de sports et le parc aquatique Fildorado, centre de détente et de bien-être..

En 1989, on a pu restaurer le vieux bourg entre le musée régional, la fontaine et la grand'rue pour en faire un bijou architectural au coeur de Filderstadt.

*Bonlanden, côté ouest.*

*Le presbytère actuel a des murs d'un mètre d'épaisseur : il se trouve en effet sur l'emplacement de l'ancienne forteresse des seigneurs de Bonlanden, dont les remparts et les douves, très bien conservés, sont une rareté dans la région. Grâce au chevalier Wolfelin de Bonlanden, le village peut s'enorgueillir d'armoiries qui remontent à 1269.*

Page 13

*Zoom sur le centre du village*

*Enseigne d'époque de l'auberge de «La couronne».*

*Construite entre 1946 et 1948, la ferme Gutenhalde, magnifiquement restaurée et classée monument historique, abrite désormais la communauté socio-thérapeutique.*

Page 14

**Eglise Saint-Georges * Musée des traditions populaires * Alfons Fügel * Pressoir**

*Le vieux bourg, avec son presbytère et ses maisons à colombages autour de l'église Saint-Georges, a pu être conservé. Lors de la restauration du quartier, on a créé une zone à circulation réglementée égayée par sa fontaine et son ruisselet.*

Page 15

*L'hôtel de ville de Bonlanden, construit en 1563, abrite actuellement le musée des traditions populaires.*

*Le plus illustre des Bonlandais est le chanteur d'opéra Alfons Fügel (1912-1960), né à Bonlanden d'un père carreleur. Il fut formé au chant dès 1935 avant de se produire sur les scènes de Ulm, Munich et Graz. Dans les années 40, il comptait parmi les ténors allemands les plus célèbres.*

*Le pressoir rappelle qu'on a cultivé la vigne à Bonlanden jusqu'en 1970. Il sert aujourd'hui de local à l'associations des randonneurs qui y tient également auberge.*

Page 16

**Herma * Quartier nord de Bonlanden* Fildorado * Eglise Notre-Dame* L'arbre de Bonlanden**

*Architecture industrielle ultramoderne : Usine Herma*

*Habitat moderne dans le quartier nord.*

Page 17

*Le Fildorado, centre de détente et de bien-être : depuis 2006, l'un des parcs aquatiques les plus modernes de la région de Stuttgart.*

*L'église Notre-Dame, construite en 1958, est l'édifice catholique le plus ancien de Filderstadt. Depuis 2008, tous les quartiers sont regroupés en une seule paroisse.*

*«L'arbre de Bonlanden» de Waldemar Beck et Herbert Häbich.*

**Harthausen**

Page 18

**Jura Souabe * Côté sud * Vue panoramique**

*Mörike, déjà, parlait de «la ligne bleue» du Jura souabe, que l'on peut admirer depuis Harthausen.*

*Sud-est de Harthausen*

Page 19

*Harthausen vu du sud.*

Harthausen - le nom vient de «Hart» qui signifie forêt. Il ne veut donc rien dire d'autre que «Maisons au bord de la forêt». Le village était plutôt pauvre à cause de son petit finage. En effet, l'impôt foncier était autrefois une des sources principales de revenu des communes. Ce n'est pas pour rien que les habitants étaient nommés «Kuahschelle» (cloches de vache) ou «Mockele» (petites vaches); ils n'avaient pas de chevaux comme bêtes de trait mais uniquement des vaches. De plus, ils pratiquaient le commerce des bovins, surtout au XIXème siècle. La rue principale de Harthausen est bordée de petites maisons portant le nom de «Seldner» dans lesquelles les petits paysans vivaient en améliorant leur revenu par une activité artisanale. Au XIXème siècle nombreux sont ceux qui louaient leur service comme travailleurs saisonniers dans la corporation artisanale du bâtiment.
Le chemin de fer des Filder, achevé en 1897, signifiait une amélioration. Toutefois, la gare se situait à cinq kilomètres du bourg. La ligne de bus vers Stuttgart, ouverte en 1925, constitua le raccordement direct de Harthausen aux moyens de transport publics.
Dans les décennies qui ont suivi la deuxième guerre mondiale, Harthausen - mesuré au nombre d'habitants - a connu la croissance de population la plus forte des cinq quartiers. De nos jours, le nombre de ses habitants est passé de 600 à plus de 4000. En effet, Harthausen est aujourd'hui un site convoité en raison de son magnifique panorama sur le Schwäbische Alb. L'après-guerre a été également marquée par la construction d'écoles et jardins d'enfants, salles de sports et une petite piscine. On a créé de nouvelles zones résidentielles et une zone industrielle.

Page 20

**Marché artisanal * Ecole communale * Place du marché * Temple * Les trois tilleuls * Eglise Saint-Joseph**

*Marché artisanal à Harthausen : commerçants et artisans locaux s'efforcent de fidéliser les consommateurs sur place.*

*L'école communale de Harthausen date de 1907*

*Sur la place rénovée de Harthausen se tient bien sûr le marché hebdomadaire, mais elle accueille aussi toutes sortes de festivités, comme la grande fête du mois de juin.*

Page 21

*Temple protestant. Le temple a été construit en 1838, dans le style sobre du classicisme tardif. Ce style se caractérise par un hall tout simple, sans choeur, avec un aménagement intérieur strictement symétrique. C'est l'un des derniers temples de ce style érigés avant que ne s'impose le néogothique.*

*Les trois tilleuls, emblèmes de la commune. En 1999, l'un d'eux a dû être remplacé.*

*Saint-Joseph, église catholique construite en 1968.*

**Plattenhardt**

Page 22

**Eglise Saint-Antholianus * A vol d'oiseau * Vue panoramique ***

Mörike, l'ode aux sapeurs pompiers et la tour Uhlberg, trois éléments qui font penser à Plattenhardt et qui ont fait sa notoriété..
Plattenhardt - un village qui s'est développé le long de la lisière de Schönbuch en prenant la forme d'un «village-rue» - tient son nom de sa situation, et signifie «forêt plate». En effet, 37 pour cent du finage se composent de forêts. Au-dessus du village, directement à l'orée de Schönbuch, se dressait jusqu'en 1287 un château des Seigneurs de Bernhausen riche en légendes.
Un sol peu fertile fit de Plattenhardt une des communes les plus pauvres des Filder dont les habitants, en plus de l'agriculture, devaient gagner leur pain comme travailleurs saisonniers: on comptait, en 1851, plus de 100 ouvriers du bâtiment «qui travaillaient le plus souvent à Stuttgart l'été». D'autres cherchèrent leur salut dans l'émigration vers l'Amérique, comme l'inventeur Jacob Bordbeck, le «père de l'aviation américaine». Plattenhardt lui-même a été le théâtre de certaines innovations: en 1925, l'Uhlbergstraße a vu la naissance d'une énorme usine avec des éléments architecturaux de style expressionniste; dans les années 30 il y avait un club de vol à voile; fin des années 50, Plattenhardt organisa les championnats d'Europe de course de lévriers. Après la deuxième guerre mondiale, Plattenhardt participa à l'essor collectif. Ce fut la construction de nouvelles zones résidentielles et industrielles. Au-dessus de Plattenhardt, à Weilerhau, on bâtit une école, une petite piscine, des salles de sports et des quartiers résidentiels. C'est ici que se déroula jusqu'en 2005 le Grand Prix des Dames, tournoi international de tennis en salle de niveau international qui a fait connaître le nom de Filderstadt.

*Eglise St. Antholianus*
*Les travaux de restauration, entrepris en 1964, ont permis de dégager les fondations de l'église romane. Les parties les plus anciennes sont le choeur du gothique tardif, daté d'environ 1480, et la longue nef de 1521. La tour, dans sa forme actuelle, date de 1787. Le crucifix gothique de 1510 est une sculpture unique.*

Page 23

*Plattenhardt vu du sud-est*

*Plattenhardt côté est*

Page 24

**«Colimaçon» * Sapeurs-pompiers * Presbytère * Jacob Brodbeck * Eduard Mörike et Luise Rau**

*Le «Colimaçon» doit son nom à son escalier : construite en 1553, agrandie en 1578 et classée monument historique depuis sa restauration en 1998, cette ferme s'est transformée en restaurant.*

**«Les sapeurs-pompiers de Plattenhardt»**

*«Je m'appelle Jacob. Et mon grand-père était l'homme le plus intelligent de tout Plattenhardt ...», ainsi commence l'histoire du «Sapeur-pompier de Plattenhardt», tirée des «Sagesses du pierrot» de Martin Lang qui ont fait connaître le villae dès le début de notre siècle. Cette histoire vaut aux habitants de Plattenhardt le surnom de «pompiers» ou «Kröpf».*

Page 25

*Marché hebdomadaire de Plattenhardt face au presbytère où vécut Eduard Mörike en 1829.*

**Jacob Brodbeck (1821-1910)**
*Il émigra aux Etats-Unis où il construisit en 1865 le premier avion à hélices pour le transport des passagers. Cette invention ne fut pourtant pas couronnée de succès, car il lui manquait un propulseur adéquat. Le moteur à com-*

*bustion ne fut inventé que plus tard, et ce sont les frères Wright qui l'appliquèrent à l'aviation. Aux USA, Brodbeck est cependant considéré comme «le père de l'aviation américaine.»*

*Alors vicaire, Eduard Mörike passa huit mois ici en 1829 et se fiança à la fille du pasteur, Luise Rau. Ses lettres et poèmes à Luise Rau comptent, selon les experts, parmi les oeuvres de la littérature mondiale. Une stèle commémorative de Markus Wolf célèbre Eduard Mörike et Luise Rau.*

Page 26

**Tour Uhlberg * Centre communal * Croix de pierre * Moulin**

*La tour d'Uhlberg(469 m au-dessus du niveau de la mer) a été construite en 1963 par l'Association Schwäbischer Albverein. Une tour panoramique en bois existait déjà, ici, en 1903. La tour offre une vue exceptionnelle sur Schönbuch et le Jura souabe. Elle est gérée, aujourd'hui, par l'Association Schwäbischer Albverein Plattenhardt.*

Page 27

*Le centre communal de Plattenhardt, créé en 2003 par la ville de Filderstadt en collaboration avec des promoteurs du privé, abrite d'une part magasins et cabinets médicaux et par ailleurs, une annexe de la bibliothèque municipale, une salle de réunions et des locaux réservés aux associations.*

*Selon la légende, ces croix étaient des croix du souvenir pour les sept fils du chevalier de Plattenhardt qui se seraient querellés et entretués à cet endroit. En fait, il s'agit de croix symboliques du moyen âge tardif (sans doute du XVème siècle) que les coupables de méfaits devaient dresser là en guise d'expiation.*

*Le finage de Plattenhardt abrite deux moulins de la vallée des sept moulins. Le plus ancien, bâti en 1588 sous le nom de «Untere Kleinmichelesmühle» (photo) a été transformé en scierie en 1907. L'autre moulin, construit en 1709, a servi de moulin à grains jusque dans les années 70.*

**Sielmingen**

Page 28

**Eglise Saint-Martin * A vol d'oiseau * Vue panoramique ***

«Les habitants, en majorité aisés, aisés sont extrêmement travailleurs, casaniers et religieux; ils vivent très retirés et fréquentent rarement le café. L'agriculture, qui représente la source principale d'alimentation, est pratiquée avec circonspection.» C'est ainsi que l'on caractérisait Sielmingen en 1851. A cette époque, Sielmingen se composait encore de deux villages séparés, Untersielmingen et Obersielmingen: le vieux bourg d'Untersielmingen comprenait l'église Saint-Martin et la mairie, et s'étirait le long de la rue principale; Obersielmingen s'étendait avant tout sur le triangle Enge Straße - Kapellenstraße - Lange Straße, avec la chapelle gothique au centre. Les deux communes ne fusionnèrent qu'en 1923 avant de ne- former qu'un bloc sous l'influence de l'évolution de l'habitat.
Depuis la venue du chemin de fer, en 1897, le nombre des «banlieusards» a certes augmenté mais Sielmingen est resté marqué par l'agriculture, jusque dans les années 50 et 60 du siècle dernier. Ceci est lié à l'étendue de Sielmingen et à la fertilité de son sol. Même si le nombre des cultivateurs a fortement diminué entre-temps, Sielmingen a conservé de nombreuses qualités rurales: il est le lieu d'une activité associative très vivante qui se manifeste, avant tout, par la fête annuelle donnée sur la place de l'église. La salle polyvalente «Sonne», forum des activités les plus diverses des associations, dispose également d'une scène pour les manifestations culturelles, avant tout cabaret et concerts.

*L'église Saint- Martin de Sielmingen a été achevée en 1489, mais a subi de nombreuses transformations au cours des siècles. La coupole a été érigée après la destruction par la foudre, en 1754, de l'ancienne flèche gothique.*

*Portail de l'église Saint-Martin marqué de la date de sa construction : 1489.*

Page 29

*Sielmingen vu du sud-est*

*Le Jura souabe en arrière-plan de Sielmingen.*

Page 30

**Auberge historique * Stèle commémorative * Mairie de Obersielmingen * Autour de l'église * «Soleil»**

*L'une des auberges les plus anciennes de Filderstadt (1817)*

*Oeuvre commémorative de Markus Wolf en l'honneur du bourgmestre Jörg Hahn et de ses célèbres descendants, parmi lesquels l'inventeur Philipp Matthäus Hahn, l'ingénieur Wilhelm Maybach, le poète Eduard Mörike, le philosophe Hegel et Theodor Heuss, ancien président de la République fédérale.*

*La mairie néobaroque d'Obersielmingen a été construite en 1911: elle perdit sa fonction au bout de douze ans seulement suite à la réforme communale de 1923 lorsque les deux villages d'Obersielmingen et Untersielmingen fusionnèrent.*

Page 31

*L'église de Sielmingen est entourée de bâtiments très anciens, comme la grange à dîme, à gauche, datant de 1534, ou la ferme du premier plan, construite vers 1590.*
*C'est dans ce décor qu'a lieu tous les ans la fête du village.*

*Enseigne de l'ancienne auberge du soleil qui abrite maintenant la salle polyvalente du même nom, créée en 1987 et utilisée par de nombreuses associations pour leurs manifestations culturelles.*

Page 32

**Lycée Dietrich Bonhoeffer * Ecole de conduite pour les jeunes* Conserverie de choux * Vergers * Défilé**

*Le lycée Dietrich Bonhoeffer dans le quartier Emerland présente une architecture originale. Il a été conçu en 2003 par le bureau d'architectes Löhle & Neubauer de Augsburg.*

*La piste d'entraînement à la conduite de l'automobile club de Sielmingen (SMC) est connue bien au-delà des limites de Filderstadt. De même son école d'apprentissage pour les jeunes, où les élèves de CM 1 sont préparés au diplôme de conduite à bicyclette.*

Page 33

*«Nous sommes de Sielmingen et nous avons des choux», telle était, autrefois, la harangue des paysans de Sielmingen qui vendaient leurs choux dans tout le Wurtemberg. Leurs voisins les avaient surnommé les «trognons». Aujourd'hui encore, certains des cultivateurs de Sielmingen livrent eux-mêmes leurs choux et légumes à de grands acheteurs comme les supermarchés, les marchés ou cantines.La plus grande conserverie de choux de la région se trouve à Sielmingen.*

*Les nombreux vergers de Sielmingen» rappellent que les habitants de Sielmingen étaient surnommés autrefois «Moûts de betterave». Un habitant de Sielmingen, une année sans fruits, avait soi-disant ajouté des betteraves à sa récolte pour fabriquer son moût.*

*Le nombre des cultivateurs ne cessse certes de diminuer, mais Sielmingen cultive le souvenir de son ancienne vocation agricole en multipliant fêtes et défilés.*

**Paysages**

Page 35

**Etang de Steppach * Lande de genièvre * Vallée Bombachtal * Etang Bärensee**

«Filder» est le pluriel de Feld (champ) et désigne une plaine fertile s'inclinant vers l'est et limitée par le Neckar et l'Aichtal. C'est un très vieux site d'habitation : en 1990, on a découvert, près de Bernhausen, les restes d'une cité néolithique datée de 5000 ans avant J.C. D'autres découvertes provenant de l'âge de bronze ainsi que des époques halstattienne, romaine et alémanique témoignent d'une occupation millénaire continue.
Pendant longtemps, la plaine des Filder a été l'un des greniers du Wurtemberg, se targuant surtout d'approvisionner Stuttgart, alors ville de résidence.
Même si, dans les cinquante dernières années, l'extraordinaire poussée des zones résidentielles et industrielles et de l'infrastructure routière a conduit à une réduction des surfaces cultivées, l'agriculture n'en reste pas moins primordiale, grâce à la fois aux bonnes conditions naturelles déjà évoquées et à une situation géographique favorableau cœur du grand Stuttgart. On constate cependant une régression notoire des arbres fruitiers. Avant la deuxième guerre mondiale, les villages étaient encore entourés d'une large ceinture de vergers.
Les extensions successives de l'aéroport, l'établissement du parc des expositions, l'élargissement des zones construites, aussi bien pour l'habitat que pour le commerce et l'industrie et les voies de desserte grignotent petit à petit l'espace. Le caractère strictement rural des communes s'est fondamentalement transformé.
Malgré tout, les amoureux de la nature trouvent encore dans la plaine des Filder et la forêt de Schönbuch de multiples buts de promenade et chemins de randonnée.

*Malgré la proximité de l'aéroport, le lac artificiel de Steppach est un précieux biotope pour toutes sortes d'oiseaux.*

*Les troupeaux de moutons menés au pâturage sur les Filder ont fait naître peu à peu une lande de genièvre exceptionnelle à Bonlanden . On y compte plus de trente espèces d'oiseaux.*

Page 35

*La vallée Bombachtal près de Bonlanden*

*Au loin Bonlanden*

*Le «Bärensee» a été aménagé en 1971 dans la forêt de Bernhausen. Il est aujourd'hui un lieu d'excursion apprécié à grande valeur écologique pour la flore et la faune.*

Page 36

**Paysages**

**Tilleul * Allée de peupliers * Vergers * Champs à perte de vue**

*Tilleul au bord du chemin, au loin l'église Saint-Martin de Sielmingen.*

*Allée de peupliers près de Bonlanden*

Page 37

*Vergers*

*Champs de toutes sortes autour de Sielmingen. Au fond, les monts du Schurwald.*

Page 38

**Environnement**

**Vergers * Jus de pomme * Energie solaire * Lande de genièvre**

Les modifications fulgurantes subies par les Filder en peu de temps ont conduit à une grande consommation de terrains provoquée par l'évolution de l'habitat et des communications. C'est pourquoi l'écologie joue ici un rôle important. Parmi les toutes premières villes du Bade-Wurtemberg, Filderstadt a engagé, en 1985, un chargé de l'environnement. Depuis 1991, il existe un comité consultatif qui se compose de représentants de différents groupes écologiques, cultivateurs et membres du conseil municipal.
Jusque vers 1940, de nombreux villages des Filder étaient entourés d'une
ceinture de vergers qui ont été souvent sacrifiés pour la construction de zones résidentielles et industrielles. Entretemps, on a reconnu la fonction écologique majeure de ces vergers qui s'étendent sur 250 hectares, en particulier pour le monde des oiseaux, le microclimat et les loisirs de proximité.
Afin de promouvoir la conservation durable de ce capital naturel, la ville fabrique son propre jus de pomme «de Filderstadt». On a créé également le musée du verger près de l'école professionnelle de Bonlanden où sont regroupés et replantés les vieux arbres fruitiers des Filder menacés de disparition.
En 2008 a été créé un réseau spécialement chargé de la protection des vergers.

*Cueillette des fruits.*

*Réception des fruits pour la fabrication de jus de pomme.*

Page 39

*Filderstadt se voue à la protection climatique, preuve en sont aujourd'hui les nombreuses installations solaires. La plus importante se trouve sur le terrain de la décharge publique Ramsklinge.*

*La lande de Bonlanden est entretenue régulièrement par les membres de l'association des randonneurs.*

Page 40

**«Filderstadt, la ville des deux roues»**

**Balisages * Cyclotourisme * Engagement citoyen * Parrainage lecture * Permanence troisième âge**

Pour protéger l'environnement et améliorer la qualité de l'habitat, la ville de Filderstadt s'efforce de réduire la circulation, en particulier dans le cadre d'un projet de grande envergure. Selon la devise «Filderstadt en deux roues», la ville ne cesse de promouvoir ce moyen de transport écologique par les actions les plus diverses, comme campagnes d'affichage, «spectacles sur deux roues», excursions guidées à vélo ou le dimanche sans voiture.

*Près de 75 km de pistes cyclables invitent à prendre le vélo.*

*A Filderstadt, on aime le vélo.*

Page 41

**Engagement civique**

Depuis l'an 2000, la ville de Filderstadt dispose d'un service de l'engagement civique et de l'urbanisme, chargé de définir les stratégies de développement, d'en assurer la réalisation et de répertorier les associations de bénévoles, regroupées sous l'enseigne : «Filderstadt, c'est nous – réfléchissons, décidons et agissons ensemble !».
Outre le FORUM des jeunes et le «Forum Troisième âge actif», ce service de la participation citoyenne a mis en place un réseau de mentors qui forment chaque année des conseillers. Une agence des bénévoles dirige les résidents intéressés vers les associations auxquelles s'adresser et les actions auxquelles ils peuvent participer.
L'engagement civique passe aussi par la mise en place de structures qui permettent la participation citoyenne dans tous les domaines de la vie de la cité.

*«Filderstadt, c'est nous» – telle est la devise de la participation citoyenne.*

*Action «parrainage lecture» : des adultes font la lecture aux jeunes écoliers.*

*Des bénévoles répondent aux questions du troisième âge.*

Page 42

**Jardins d'enfants**

**Au jardin d'enfants * En plein air * Toboggan à la ferme des enfants * Animaux de la ferme**

Les statistiques sur la population montrent que Filderstadt est une ville jeune. L'arrivée de jeunes familles a propulsé la part des 25 - 45 ans bien au-dessus de la moyenne nationale. La création de nouveaux jardins d'enfants est un axe prioritaire de la politique sociale de la ville, qui tient aussi à améliorer la qualité des structures déjà existantes. Avec plus de 30 crèches, garderies et autres centres d'accueil - des nouveau-nés aux enfants en âge scolaire, Filderstadt se trouve en tête par rapport à la moyenne nationale.
Même en dehors des jardins d'enfants, les enfants ne sont pas oubliés: pas moins de 45 terrains de jeux publics attendent les ébats des enfants de Filderstadt.

*Dans leurs locaux et à l'extérieur, les jardins d'enfants offrent des conditions optimales pour l'épanouissement des enfants.*

Page 43

**Ferme des enfants**

Chevaux, poneys, moutons, chèvres, lapins, poules, cochons d'Inde et chats font partie des pensionnaires de la ferme des enfants, née en 1986 sur l'emplacement d'un ancien foyer d'émigrés à la lisière de Bonlanden. Les enfants disposent ici d'une cabane avec une tour à escalader, d'un manège à chevaux ainsi que de salles de séjour avec cuisine, d'un atelier de réparation des bicyclettes et d'un atelier de menuiserie. Garçons et filles sont pris en charge par plusieurs éducateurs professionnels qui organisent également les activités les plus diverses.
La ferme des enfants est soutenue par une association subventionnée par la ville.

*La ferme des enfants est plus qu'un espace de jeux, les travaux manuels y jouent aussi un grand rôle.*

*Les enfants aiment particulièment s'occuper des animaux.*

Page 44

**Ecoles**

**Ecole Jahn * En classe * Lycée Eduard Spranger * Ecole Waldorf * Big band* Groupe scolaire Seefälle * Défilé**

Filderstadt offre toutes les écoles d'enseignement général pour ses environ 5000 élèves: outre les trois écoles primaires et une école spécialisée, on trouve également le collège de Fleinsbach à Bernhausen et le centre de formation de Seefälle à Bonlanden. Le lycée Eduard Spranger se situe au sud de Bernhausen, au point d'intersection géographique des cinq quartiers, tandis que Siemingen a ouvert en 2003 le lycée Dietrich Bonhoeffer. En outre, Filderstadt dispose d'une école anthroposophique près de Bonlanden. Depuis 2006, le groupe scolaire de Seefälle est ouvert toute la journée. Un certain nombre de collectivités locales, comme l'université populaire, l'école des arts et de la musique, le service de la protection de l'environnement, la maison des jeunes «Z», la ferme des enfants, ainsi que les associations et certaines entreprises proposent l'après-midi des activités variées. Toutes les écoles primaires ont une cantine et chaque quartier propose un service de garderie jusqu'à 17 heures.
Les différentes activités extra-scolaires démontrent que l'école ne signifie pas uniquement «bachotage».
Il existe plusieurs partenariats avec des écoles en France, Grande Bretagne, Italie, USA ainsi qu'avec la ville jumelée de Poltawa en Ukraine. Il existe, en outre, différents groupes musicaux et troupes de théâtre ainsi que de nombreuses communautés de travail.

Page 45

**Activités scolaires**

*L'école Waldorf de Gutenhalde, près de Bonlanden, reçoit environ 460 élèves de Filderstadt es ses environs.*

*L'orchestre Big band de l'école de Bernhausen jouit d'une excellente réputation dans toute la région.*

*Classe toute la journée au collège professionnel du groupe scolaire de Bonlanden*

*Les écoliers de Sielmingen lors d'un défilé*

Page 46/47

**Jeunesse**

**Conseil municipal des jeunes * Mobile de jeux * Sport à la chaîne * Programme de grandes vacances**

Filderstadt a été la première ville en République fédérale d'Allemagne à organiser, en 1987, l'élection directe d'un conseil municipal des jeunes. Tous les jeunes, âgés de 14 et 17 ans possèdent un droit de vote actif et passif. Les sujets traités en séance sont proposés et délibérés par le conseil municipal des jeunes. Au programme jusqu'ici, pistes cyclables, sondage des jeunes, moyens de transport publics régionaux ou possibilités de loisirs pour les jeunes. En outre, le conseil municipal des jeunes est l'organisateur de débats, de rencontres sportives de même que de concerts, cabaret et disco.
«Z», la maison des jeunes, des enfants et de la culture, est une structure née de la collaboration entre la ville de Filderstadt et l'organisme régional d'encadrement des jeunes, sis à Esslingen. De cinq à dix-huit ans, enfants et adolescents trouvent ici des activités à leur goût et des locaux modernes pour se retrouver. «Z» est plus qu'un café et une discothèque. Outre les activités normales d'un café avec un baby-foot et un billard, «Z» dispose de différents ateliers où sont dispensés des cours de soudure, de sérigraphie, de poterie et de réparation des deux roues. Les deux salles de musique ouvertes aux jeunes groupes pour leurs répétitions invitent à la créativité. De plus, un cybercafé relie «Z» au reste du monde, on peut aussi y faire ses devoirs ou parfaire ses photos.

Les collaborateurs professionnels et un grand nombre de collaborateurs bénévoles ont mis sur pieds un programme varié qui comprend concerts, théâtre, soirées disco, etc. «Z» ouvre également ses locaux pour les anniversaires ou autres festivités entre jeunes.
A Plattenhardt, l'ancienne petite laiterie (Milchhäusle) s'ouvre uniquement aux filles qui peuvent ainsi tranquillement bavarder ou jouer au baby-foot entre elles.
A Filderstadt, les travailleurs sociaux vont à la rencontre des jeunes : dans les établissements scolaires ou sur leurs lieux de loisir, ils cherchent à nouer des liens avec les adolescents avant de leur proposer leur aide pour trouver un endroit adéquat à la pratique de leur distractions, organiser des activités extrascolaires ou les soutenir dans la recherche d'un emploi ou d'une formation professionnelle. Ils les encouragent à profiter des locaux qui sont à leur disposition dans chaque quartier: «Fuzo» à Bernausen, «Jugendhäusle» à Bonlanden, «Bauwagen» à Harthausen, «Milchhäusle à Plattenhardt et «Zirkuskarre» à Sielmigen.

*Séance du conseil municipal des jeunes à «Z», la maison des enfants, des jeunes et de la culture.*

Page 47

**Programme d'été**

Chaque année, la ville de Filderstadt organise un vaste programme de vacances d'été pour les enfants et adolescents. Il est réalisé essentiellement par les paroisses, les associations et différentes entreprises. Ce programme comprend un large éventail d'activités manuelles et artistiques, sportives et ludiques ainsi que diverses excursions. Pour les personnes âgées sont prévues aussi visites, randonnées, etc. Et pour tous, les vacances commencent par une grande fête.
Depuis 2004, la maison des jeunes et de la culture «Z» et la ferme des enfants proposent également des activités bien encadrées. Les institutions culturelles et les communautés religieuses offrent elles aussi des loisirs.
Le traditionnel programme de vacances du foyer protestant Waldheim Bernhäuser Forst, à l'orée du Schönbuch, est ouvert à tous les enfants des Filder.

*Fête d'ouverture du programme d'été avec mobile jeux et roulotte de cirque .*

*Tir à l'arc lors de la journée «Sport à la chaîne» organisée par l'école de sport pour enfants.*

*Batik réalisé par les jeunes participants.*

Page 48/49

**Sport**

**Heptathlon dames * Football * Judo * Volley-ball * Cross des scolaires * Piscine couverte de Bernhausen**

Le stade Fleinsbach à Bernhausen est connu des spécialistes, en Allemagne et à l'étranger, en raison de sa piste en tartan rapide. Les spectateurs ont vécu ici des records du monde en décathlon et heptathlon. Le meeting junior international d'athlétisme jouit d'une grande popularité et attire de nombreux participants. Le stade Fleinsbach ainsi que toutes les autres salles de sport sont à la disposition des associations sportives d'où sont issus de très nombreux champions. C'est ainsi que le club de football de Bonlanden a joué plusieurs fois en première division.
Tous ces succès n'auraient pas été possibles si les athlètes de tous niveaux n'avaient pas eu à leur disposition les structures nécessaires à leur entraînement: 18 salles de gymnastique et de sport, dont trois peuvent être divisées en trois et une en quatre, ainsi que 12 terrains de sport municipaux et 10 terrains en tartan qui peuvent être utilisés à l'année.
Filderstadt accueille également des évènements sportifs de haut niveau, comme les tournois internationaux de Pentecôte à Plattenhardt et Bonlanden, le semi-marathon de Bernhausen en octobre, le critérium cycliste de Plattenhardt en juillet pour la coupe LBS. Sans oublier les championnats de beach volley du Bade-Wurtemberg, ou même d'Allemagne, organisés dans le parc aquatique Fildorado. Afin de pouvoir offrir aux athlètes de tous niveaux des conditions optimales, on a fondé, en 1992,l'Association Sportive de Filderstadt qui regroupe sept associations sportives et cyclistes des cinq quartiers.
L'école sportive des enfants – une collaboration des associations sportives de Filderstadt – propose aux enfants de quatre à dix ans dans les cinq quartiers de la ville un programme très varié dans toutes les disciplines sous la direction de professionnels de l'éducation physique.
Les amateurs de natation disposent de différentes piscines réparties dans différents quartiers. Elles sont utilisées intensivement par les associations sportives et par les écoles dans le cadre de cours de natation.

*Chaque année, le stade Fleinsbach de Bernhausen accueille des épreuves d'athlétisme de haut niveau dans le cadre du décathlon et de l'heptathlon.*

Page 50

**Fildorado**

**Piscines couvertes * Côté saunas * Architecture * Bains à remous * Piscine d'été**

A son ouverture en 1978, le parc aquatique Fildorado était presque unique en son genre dans tout le sud de l'Allemagne. Totalement réaménagé en 2006, il offre aujourd'hui une multitude d'attractions où l'eau joue un rôle essentiel.
Les installations principales en sont un bassin olympique, un bassin thermal à 34 °C en plein air, un bassin à remous, un canal à courants et deux toboggans de plus de 100 m, pour l'un dans l'obscurité totale. Le toboggan à tremplin est l'un des clous pour les baigneurs.
Par ailleurs, 5000m2 sont consacrés aux bains de vapeur : neuf cabines de styles différents, jeux de lumière stimulants, élégantes salles de repos …Le troisième domaine est réservé au club de fitness, où se pratiquent la musculation et le cardio training et où sont proposés de nombreux cours, au choix avec programme personnalisé et encadrement continu. Aux beaux jours, Fildorado ouvre sa grande piscine d'été entourée d'immenses pelouses et de divers équipements sportifs, parmi lesquels un terrain de beach volley où se déroulent régulièrement des compétitions.

*Vue intérieure, à gauche le canal à courants et le toboggan à tremplin*

*Le domaine du sauna occupe 5000 m²*

Page 51

*Conçue par le bureau d'études Theilig&Partenaires à Ostfildern, l'architecture du Fildorado retient l'attention.*

*Le bain à remous attire autant les petits que les grands.*

*La piscine d'été est entourée de larges pelouses et de nombreuses attractions.*

Page 52

**Formation pour adultes**

**Maison familiale * Université populaire : entraînement à la grimpe * Université Populaire : cours d'allemand * Pédagogie des médias * Ecrivain devant ses jeunes lecteurs * Bibliothèque**

La formation pour adultes et l'enseignement extra-scolaire sont assurés, à Filderstadt, par deux institutions : l'université populaire ainsi que la maison familiale. L'université populaire a débuté son travail dans les années 60 avec des bénévoles. Dirigée depuis 1987 par des professionnels, elle est depuis 1993 sous tutelle communale.
La maison familiale a été fondée à Bernhausen, en 1973, sous l'appellation «Groupe de travail pour la formation et les loisirs».

Université populaire
Dans ses locaux de l'école primaire de Plattenhardt, l'université populaire ne cherche pas uniquement à transmettre des savoirs, mais se conçoit aussi comme lieu de rencontre et de réflexion, espace culturel et centre d'activités relatives à la santé. Son rôle est de proPager les compétences de base et de proposer des cours où s'acquièrent connaissances, capacités et sens des valeurs. Elle améliore ainsi les chances d'insertion et facilite la flexibilité professionnelle. Chaque année, elle enregistre environ 18 000 inscriptions aux quelques 1450 cours et conférences.
L'autre pilier de la formation des adultes est la maison familiale dont le siège se trouve dans l'ancien moulin de Bonlanden avec pour credo : «Tout sur la famille». Ses grands axes thématiques sont donc la santé, la préparation à la naissance et les questions d'éducation, mais également tout ce qui concerne le travail, l'habitat ou l'environnement.

*La Maison familiale apprend aussi à s'occuper des nouveaux-nés.*

*Entraînement à la grimpe en extérieur*

*Cours d'allemand pour migrantes et migrants*

Page 53

**Bibliothèque municipale**

Malgré la montée en puissance des médias électroniques, la bibliothèque municipale jouit d'une très grande popularité, notamment auprès des jeunes. La bibliothèque centrale, située à Bernhausen, ainsi que les quatre bibliothèques de quartier, tenues par des bénévoles, mettent à la disposition de la population, outre environ 73 000 livres, des CD, vidéos, jeux et revues. La bibliothèque est un pôle multimédia qui dispose d'un large éventail de documents dans tous les domaines, aussi bien professionnel, scolaire et familial qu'au niveau des loisirs. En collaboration avec les écoles, la bibliothèque participe aussi à la promotion de la lecture : une pédagogue spécialiste des médias organise des clubs de lecture et monte avec les élèves lectures scéniques ou représentations théâtrales. Une fois par an a lieu la journée de la littérature jeunesse où des écrivains sont invités à présenter leurs œuvres à leurs jeunes lecteurs.

*Promotion de la lecture et pédagogie des médias dans les écoles*

*Paul Maar, ancien professeur du lycée Eduard Spranger et célèbre auteur de livres pour la jeunesse, lors d'une lecture à la bibliothèque.*

*Du livre à l'internet, les utilisateurs de la bibliothèque y trouvent toutes sortes de sources d'information.*

Page 54/55

**Clinique des Filder**

**Nouvelle entrée * Vue générale * Service d'obstétrique * Hélicoptère de secours**

La clinique anthroposophique, ouverte en 1975 et agrandie plusieurs fois depuis, est aujourd'hui un hôpital d'urgence moderne qui pratique la médecine globale et dispose de services d'anesthésie, de médecine interne, pédiatrie et psychosomatique, médecine prédictive et curative qui, tout comme son centre de cancérologie intégrative, sont à la pointe du progrès.
Avant tout destinée aux habitants de la région, la clinique des Filder soigne également des patients venus de tous les coins de l'Allemagne, voire de l'étranger. A proximité de l'aéroport et du parc des expositions, elle en reçoit toutes les urgences.
Les thérapies propres à l'anthroposophie intègrent la peinture, le dessin et la sculpture, mais également le langage, la musique et l'eurythmie curative. Cette utilisation de l'art en tant que moyen thérapeutique est accompagnée de l'application de produits naturels et de la prise de médicaments anthroposophiques spécifiques.
Le programme culturel de la clinique des Filder est également inhabituel : des musiciens de haut niveau y donnent régulièrement des concerts de musique classique.

*L'entrée de la clinique a été rénovée*

*Le hall d'entrée de la clinique des Filder, clair et lumineux, lui confère une atmosphère particulière*

Page 55

*Vue de la clinique et des résidences du personnel*

*Obstétrique et gynécologie jouent ici une rôle essentiel : 2000 enfants naissent tous les ans à la clinique des Filder.*

*En cas d'urgence, un hélicoptère est prêt à intervenir.*

Page 56

**Le troisième âge**

**Maison de retraite * En visite * Maison pour personnes dépendantes * Goûter du troisième âge**

Environ 20 pour cent de la population de Filderstadt a plus de 60 ans. C'est pour cette raison que la ville, en collaboration avec des bénévoles, propose des solutions diversifiées pour les personnes âgées.
Les quartiers possèdent des clubs du troisième âge très actifs qui offrent un programme varié de loisirs comme, par exemple, danse folklorique, goûters, jeux et bricolage, randonnées à pieds et à bicyclette. Les déjeuners du troisième âge, servis dans tous les quartiers, sont particulièrement appréciés.
Pour les soins continus et en cas de maladie, Filderstadt met à disposition un service de médiation et d'information destiné à la coordination et au conseil.
La «Maison de Fleinsbach» à Bernhausen est un exemple des différentes structures en place. C'est un centre polyvalent moderne qui comprend 81 places de soin ainsi qu'une unité de soins de jour disposant de 12 places; il est également possible d'y effectuer des séjours de soin d'une durée maximum de six semaines.
La maison dispose d'une salle réservée aux activités, d'un café moderne ouvert la journée ainsi que de salles thérapeutiques, par exemple pour des séances de remise en forme et de rééducation. L'unité de soins de jour est de plus en plus fréquentée ces derniers temps. Le but est de combattre l'isolation sociale des personnes âgées et de soulager les proches qui s' occupent d'elles.

*Rencontre à Fleinsbach*

Page 57

*Saint-Vincent, une institution gérée par Caritas, se trouve en pleine campagne, au-dessus de la vallée des sept moulins, près de Plattenhardt. Les 279 pensionnaires viennent pour la moitié de la région et du district de Esslingen. Relations interculturelles*

*Une fois par an, la ville de Filderstadt organise pour les personnes âgées un goûter au programme divertissant.*

Page 58

**Egalité hommes-femmes**

**Nouveaux métiers masculins * Nouveaux métiers féminins * Fête de famille interculturelle * Jeu de boules international * Art en action * Groupe folklorique turc**

Le bureau compétent s'efforce depuis 1988 d'instaurer l'égalité en droit et l'égalité des chances pour les femmes et les hommes, de même que les filles et les garçons de tous âges. Ses activités sont multiples, en voici quelques exemples.
Un des objectifs essentiels est la mise en place d'un nouveau système de garde d'enfants qualifiée répondant aux diverses demandes. Depuis 2008, toutes les écoles primaires disposent d'un personnel compétent qui assure la garderie jusqu'à 17 heures.
La mobilisation se porte également sur la promotion de l'engagement des femmes dans la politique communale et leur formation. Un comité consultatif féminin a été instauré dès 1991 à Filderstadt.
Après des débats de plusieurs années, une maison d'accueil pour les femmes maltraitées et leurs enfants a pu être ouverte en 2000. Pour ce service municipal, c'est une mission permanente de qualifier les femmes, après un congé de maternité ou familial, pour facilité leur réinsertion dans le monde du travail.
Depuis 2002, «La journée des filles» a pour but d'encourager les adolescentes à se familiariser avec des métiers qui ne sont pas spécifiquement féminins. En contrepartie, les garçons ont aussi depuis quelques années la possibilité d'apprendre à connaître des métiers contraires à l'image traditionnelle de l'homme dans la société.

*Pour les garçons, visite d'un domaine traditionnellement féminin : le service d'obstétrique de la clinique des Filder.*

*Les filles se familiarisent avec des métiers traditionnellement «masculins».*

Page 59

**Intégration**

Plus de 6 100 des habitants de Filderstadt ont un passeport étranger ; la majorité d'entre eux sont originaires de Turquie, d'Italie, de Grèce, de Serbie, du Montenegro et de Croatie. La diversité des cultures est à la fois une chance et un défi pour la commune. Depuis 2004, le forum interculturel s'y consacre à la bonne entente des diverses communautés. De plus, on a créé en 2007 le service des relations interculturelles, chargé de favoriser le dialogue interculturel et d'établir un programme d'intégration, en y sensibilisant les organismes éducatifs, l'administration et le secteur privé.

*Fête de famille interculturelle dans la salle des sports de Bernhausen.*

*Boule pour tous à Weilerhau*

*Action oeuvre d'art pour les scolaires de toutes origines lors de la coupe du monde de football*

*Danses turques lors du «marché du possible»*

Page 60

**Archives municipales**

**Publications * Circuit historique * Archives municipales * Tombes du camp de concentration * Histoire des monuments * Musée des traditions * Charron à l'ouvrage * Atelier du faiseur de brosses * Tour Uhlberg**

Les vieux bourgs des cinq quartiers portent encore de multiples traces du passé, même si l'explosion de la construction a fait disparaître de nombreux témoignages. Afin que le public prenne davantage conscience de l'héritage historique des lieux, la ville a instauré un circuit historique à travers les cinq quartiers. 85 panneaux signalent des bâtiments et des places à valeur historique, ainsi que des vestiges archéologiques ou de vieilles fontaines.
Les dernières recherches concernant l'histoire des quartiers de Filderstadt sont publiées réglièrement dans une revue spécialisée et sont donc accessibles à un vaste public.
Depuis 1984, Filderstadt dispose d'archives municipales dont le siège se trouve dans la chapelle gothique d'Obersielmingen, datant de 1526; c'est ici que sont conservées les archives des cinq quartiers qui sont à la disposition des historiens et de toutes les personnes intéressées. L'écrit le plus ancien, un document provenant de Plattenhardt, date de l'année 1483.

*Histoire de la ville – Publications*

*Circuit historique avec 85 stations*

*Commémoration au bord des tombes de l'ancien camp de concentration d' Echterdingen en présence d'un survivant.*

*La chapelle gothique Sainte-Marguerite, siège des archives municipales de Filderstadt.*

*Visite de Bonlanden et histoire de ses monuments lors de la journée du patrimoine.*

Page 61

**Musée des traditions populaires**

Gottlob Häußler, citoyen de Bonlanden, a réuni pendant des décennies une collection d'art régional qui a pris place en 1985 dans l'ancienne mairie de Bonlanden construite en 1563. Ce musée à caractère rural, qui porte le nom de son initiateur, fait revivre les domaines les plus divers de la vie au village.
Sur quatre étages, on découvre le quotidien dans la pleine des Filder au cours de l'histoire. Outre l'outillage agricole, le musée expose une vieille épicerie, une cuisine ancienne, des objets relatifs à l'enfance et bien d'autres trésors. Pour manifester son dynamisme, il propose chaque année trois expositions temporaires ayant pour thèmes l'histoire locale ou d'autres sujets de civilisation.

*Le musée Gottlob Häußler dans l'hôtel de ville historique de Bonlanden*

*Au musée, présentation du métier de charron, aujourd'hui presque disparu.*

*Un atelier typique de fabrication de brosses*

*Modèle réduit de la tour Uhlberg réalisé par les associations de défilés traditionnels*

Page 62

**Traditions/ Marché aux chevaux**

**Marché aux chevaux dans les années trente * Les jeunes et le chou * Le «mai» * Attelages au marché aux chevaux * Chevaux primés * Présentation des attelages**

Les cinq communes formant Filderstadt faisaient partie autrefois du coeur du Wurtemberg et étaient marquées par un grand piétisme. La conception de la vie plutôt sobre des protestants a eu pour conséquence que les anciennes traditions n'ont guère été soignées ou même parfois oubliées. Le chou blanc pointu des Filder, «Brassoca Oleracea sphaerica pyramidalis», qui était cultivé en grande quantité ici dès le XVIIIe siècle, et qui est considéré comme le symbole de ce pays, est à l'origine d'une nouvelle tradition. On la doit essentiellement aux paysans de Bernhausen et de Sielmingen qui ont entrepris de vendre eux-mêmes leurs choux jusqu'à Ulm et dans l'arrièrepays, et fait connaitre ainsi le chou blanc pointu dans toute la région.
Ces dernières années, ce folklorisme général a donné naissance à une pléthore de nouvelles traditions à Filderstadt. Les associations ont été particulièrement actives. On notera, par exemple, la fête des fournils à Plattenhardt et Sielmingen ainsi que l'installation des arbres de mai à Plattenhardt, Bonlanden et Bernhausen et les fêtes de quartier organisées par les associations.
Le marché aux chevaux de Bernhausen est connu bien au-delà des Filder. Lors de sa création, en 1922, la promotion de l'agriculture était encore au premier plan. Depuis la motorisation du travail de la terre, le marché aux chevaux s'est peu à peu transformé dans les années 60 en lieu de rencontre pour amoureux du sport hippique.
Les cinq quartiers organisent, aujourd'hui, des marchés de printemps et d'automne. Le plus ancien - le marché des boutiquiers - a été autorisé dès 1872.

*Prix des plus beaux spécimens du marché aux chevaux dans les années trente.*

*Les associations font revivre les traditions : défilés traditionnels, souvenirs du commerce des choux d'antan et installation d'un «mai» à Plattenhardt.*

Page 63

*La présentation des attelages sur la place des fêtes de Bernhausen est un des grands moments du marché aux chevaux.*

*Chevaux primés*

*Présentation dans le manège d' Emerland*

Page 64/65

**Associations**

**Bénévoles * Associations musicales * Croix Rouge * Chorales**

La vie associative dans les différents quartiers de Filderstadt a toujours été très marquée au siècle dernier. Lors de la réforme communale, en 1975, on comptait environ 150 associations. Les craintes de voir souffrir ou disparaître la vie associative après la fusion ne se sont pas réalisées. Au contraire: Filderstadt compte aujourd'hui près de 250 associations dans le domaine du sport, de la culture et des loisirs; elles vont des amis des aquariums au club du chemin de fer miniature.Cependant, elles doivent toutes faire face à la concurrence des loisirs commerciaux et des médias modernes. La mobilité croissante de la population et l'individualisation générale de la société, qui ne favorisent pas précisément la vie associative, sont autant de facteurs non négligeables. Les associations de Filderstadt ont pu tenir bon jusqu'à présent, et le nombre des membres est en constante augmentation depuis la réforme communale. Cela repose certainement sur le fait que les manifestations organisées par les groupements d'associations, qui ont été fondés dans les quatre quartiers, offrent, aussi bien à la population autochtone qu'aux nouveaux arrivants, une plate-forme adéquate permettant à chacun de s'exprimer. Que l'on songe aux différentes fêtes, comme la fête de rue à Plattenhardt, la fête de la place de l'église à Sielmingen, la fête de l'ours à Bernhausen ou la «Saifescht» à Bonlanden. L'ancienne coutume de l'installation des arbres de mai revit également à Plattenhardt et à Bernhausen. De nombreux spectateurs suivent, le 30 avril, la mise en place de ce messager du printemps organisée par les associations et artisans du pays. La ville soutient la vie associative, et en particulier ses jeunes membres, en mettant à leur disposition des salles, des places, etc.

*Bénévoles de Filderstadt engagés dans les associations ou des projets individuels*

*Dans quatre quartiers, les associations musicales participent à la vie culturelle et à la promotion des jeunes*

*Collecte du sang de la Croix Rouge*

*Tous les quartiers ont leur chorale*

Page 66/67

**Carnaval * Vergers et jardins * Sapeurs-pompiers * Club automobile * Jeunesse rurale * Société des éleveurs de lapins * Boutique «monde unique»**

*Au cours des dernières années, plusieurs sociétés carnavalesques ont vu le jour. Ici, prise de l'hôtel de ville.*

*Pressoir traditionnel, présenté lors d'un défilé de fête par l'une des associations des cultivateurs de Filderstadt.*

*Chaque quartier a ses pompiers bénévoles ; ici lors d'un exercice au Fildorado*

*Très apprécié : le rallye des oldtimers du club automobile de Sielmingen*

*Char de l'une des société d'éleveurs de lapins.*

*Les actifs de la boutique «monde unique» de Bernhausen*

Page 68

**Musique**

**Groupe des «Flippmanns» * Chorales * Orchestre de chambre * Ecole de musique : instruments à vent * Ecole de musique : instruments à cordes* Ecole de musique : chorale des enfants * Orchestre interculturel**

La vie musicale est particulièrement vivante à Filderstadt. Pour les amateurs de musique classique, il existe depuis quelques années la FILharmonie, une salle de concert exceptionnelle, qui propose son propre abonnement de musique classique et de théâtre musical.
La clinique des Filder et l'école anthroposophique proposent un programme culturel de qualité.
Les associations, connues du public par de nombreux concerts, ont une fonction importante dans la vie musicale de la ville. Elles possèdent, en outre, une longue tradition. Les débuts de nos chorales remontent au XIXème siècle, la plus ancienne étant la Couronne des chanteurs de Bonlanden fondée en 1867. On mentionnera également les associations musicales présentes dans chaque quartier ainsi que les orchestres d'accordéon de Sielmingen et Bonlanden.
La musique sacrée constitue également un élément important de la vie musicale. Chaque quartier a sa chorale et orchestre de trombones et nombreux sont les concerts publics. De plus, le festival de l'orgue est désormais de tradition, en été, à Filderstadt.
Les établissements scolaires enrichissent aussi les programmes musicaux grâce à leurs chorales, leurs orchestres de chambre ou symphoniques et leurs formations big band.
L'orchestre de chambre de Filderstadt ne joue pas seulement dans la salle de concerts municipale, mais également dans des endroits originaux comme la ferme bio.
La ville peut même se flatter d'être le berceau de groupes légendaires comme les «Flippmans», célèbres depuis 1983 ou «Halbe He»

*Concert des Flippmanns à Bonlanden*

*Projet commun de plusieurs chorales de Filderstadt*

*Orchestre de chambre dans la salle de concerts FILharmonie*

Page 69

**Ecole de musique**

De l'initiation musicale de nos enfants jusqu'aux cours particuliers dans tous les instruments et l'enseignement du chant, l'école municipale de musique réalise un travail exceptionnel. Les ensembles et orchestres de l'école de musique contribuent à former les jeunes de Filderstadt au plus grand profit également des associations musicales. Le résultat sont de nombreuses représentions d'opéra d'enfants, ballets, concerts d'orchestre et de soliste ainsi que de musique de chambre. En outre, de nombreux ensembles de l'école de musique ont donné des concerts en Allemagne et à l'étranger. Les nombreuses représentations de l'école de musique données à l'occasion des manifestations les plus diverses sont devenues choses courantes. La coopération avec les villes jumelées dans le domaine musical est également exceptionnelle.
Environ 1200 élèves et 50 professeurs de musique assurent un niveau de formation élevée qui permettent de remporter chaque année, au niveau régional et national, de nombreux prix au concours des «Jeunesses musicales»

*Ensemble interculturel : ses membres sont originaires de Grèce, de Turquie et d'Allemagne.*

Page 70

**Beaux-arts**

**Sculpture de Bradler * Galerie Domberger * Galerie municipale * Sculpture de Diedenhofen * Sculpture Rosalie * Ecole des beaux-arts dans l'ancienne forge * L'art en vacances * Graphisme * Travail du bois**

Depuis 1986, la Galerie Municipale a trouvé logis dans le centre polyvalent de Bernhausen. L'association des artistes des Filder, mandatée par la ville, y réalise régulièrement des expositions dont la renommée dépasse largement les frontières régionales.
La Kunstverein Filderstadt e. V, fondée en 1982, se consacre essentiellement à la promotion des artistes régionaux qui sont présentés au public lors d'expositions organisées dans le foyer de la salle Uhlberg.
Ces dernières années, l'art trouve de plus en plus souvent sa place dans les lieux publics. Ainsi la sculpture de Robert Schadt à la gare du RER ou celle de Rosalie, «Arc-en-ciel» devant la salle de concerts.

*Sculpture «SAPRI» d'Alfred Bradler au rond-point de la zone industrielle à Bonlanden.*

*Détail de la collection Domberger*

*Entretien avec des artistes dans la galerie municipale*

*«Dialogue» de HWP Diedenhofen dans la FILharmonie*

Page 71

**Ecole des beaux-arts**

Filderstadt dispose, depuis 1989, d'une école des beaux-arts qui offre aux enfants, aux adolescents et aux adultes les possibilités les plus diverses d'exercer une activité artistique, comme par exemple la peinture, la gravure, la sculpture, la céramique ou la photographie, la danse et le théâtre. Elle organise régulièrement des expositions et des performances artistiques dans des lieux publics, comme les cours d'école, qui ont suscité un grand intérêt bien au-delà de la ville de Filderstadt. Une intense collaboration avec les jardins d'enfants, les écoles, le commerce et l'industrie de même que la présence continuelle dans les programmes facultatifs des établissements scolaires montre à quel point le rayonnement de l'école des beaux-arts est intense dans la commune.
Son siège est à l'école Schiller de Plattenhardt; au niveau de l'organisation, elle est reliée à l'université populaire.

*Cours d'art dans une ancienne forge de Bonlanden*

*Les cours de l'école des beaux-arts sont de plus en plus demandés lors du programme d'été ; ici la fête d'ouverture*

Page 72

**Semaines de la culture**

**Marché historique * Vue sur le Jura souabe * Sur les traces de Mörike * Le théâtre des Filder * Troupe d'amateurs**

Dans le cadre des activités culturelles de la ville, les semaines culturelles de Filderstadt occupent tous les deux ou trois ans une place de choix. A vocation littéraire, elles proposent représentations théâtrales, spectacles de cabaret, lectures, conférences et expositions autour d'un auteur ou d'un phénomène de société. Le nomadisme en 2001, l'hommage à Mörike en 2004 et les «regards sur le Jura souabe» ont notamment remporté un franc succès. Les lectures scéniques et musicales montées spécialement à cette occasion et le plus souvent présentées en plein air sont tout particulièrement appréciées.
Trois ou quatre fois par an, les différents acteurs de la vie culturelle de la ville se retrouvent pour le «Salon 43», un projet commun de lectures, cabaret ou spectacles musicaux, présentés entre autres dans les locaux de l'université populaire ou au musée des traditions populaires.

La musique a aussi son festival : «Rockmedia», une initiative locale des amis de l'art et de la musique qui organisent des cycles de manifestations autour d'un thème précis, comme par exemple «50 ans de rock'n roll», «40 ans de rock et pop» à moins qu'ils ne se tournent vers la culture des années cinquante.

*Lors du marché historique consacré à Mörike, de jeunes écoliers tracent à l'encre et à la plume des mots de vieil allemand*

*Lecture scénique face à la tour Uhlberg dans le cadre de la semaine «Regard sur le Jura souabe»*

*Au centre de Plattenhardt sur les traces d'Eduard Mörike*

Page 73

**Théâtre**

Filderstadt possède deux troupes de théâtre amateur bien établies qui offrent, chaque année, une nouvelle pièce. La Filderbühne, fondée en 1977, est une initiative de l'atelier de formation familiale. Le groupe initial a donné naissance à une troupe amateur établie. Le théâtre n'est pas «seulement» la comédie, mais bien davantage l'esquisse et la construction de décors, la confection de costumes, etc.. La Filderbühne a déjà représenté des comédies, des farces, des contes mais également des pièces policières.
L'autre troupe de théâtre amateur, «die eulen», fondée en 1979, se produit non loin de la Filderbühne, dans le pavillon Weilerhau à Plattenhardt. «Die eulen» se sont fait connaître du public par des pièces pour enfants, par exemple de Michael Ende, Tankred Dorst ou Paul Maar. Membres de la communauté d'intérêts littérature, et donc coorganisateurs des semaines culturelles de Filderstadt, ils ont déjà mis à l'affiche «Mère courage «de Brecht, «Les physiciens» de Dürrenmatt ou «Jeppe vom Berge» de Holberg.

*Le théâtre des Filder : «La Belle et la Bête»*

*Troupe «die eulen» (les chouettes) : «le fantôme de Canterville»*

Page 73-75

**FILharmonie**

**Concert pop * FILharmonie * Meeting * Parc des expositions * Congrès * Séminaire**

Avec plus de 120 000 visiteurs par an, le «Centre culturel et des congrès FILharmonie», achevé en 1994, est au service de la culture et des rencontres à Filderstadt. En quelques années seulement, il a su se faire un nom dans toute la région, aussi bien dans le domaine culturel que comme lieu d'organisation de congrès et journées.

Grâce à sa situation stratégique favorable près de l'aéroport et de l'autoroute, et avec ses 600 manifestations organisées par an, la FILharmonie a pris une importance suprarégionale et est devenue un rendez-vous obligé de l'économie et de la politique.

*Les stars pop apprécient l'immense scène de la FILharmonie*

*Devant la salle de concerts, la sculpture de Rosalie «Arc en Ciel», installée en 2004.*

Page 75

Avec ses locaux, salles de conférence et la technique la plus moderne, la FILharmonie est devenue, en quelques années, un lieu exceptionnel pour l'organisation de congrès, journées et séminaires.
Les branches les plus diverses - matériel électrique, matériaux de construction, industrie automobile, fabricants de cuisines ou de matériel de bureau - exposent aux salons organisés dans la FILharmonie.
De nombreuses personnes utilisent la FILharmonie pour leurs fêtes privées. La gastronomie est prise en charge par l'excellent restaurant «Kulisse».

*Meeting avec Dieter Zetsche, PDG de Daimler.*

*Pendant les salons, on priviligie la communication*

*Les congrès s'accompagnent d'expositions spécifiques.*

*Le séminaire est la forme de réunion informative la plus répandue*

Page 76

**Comédie musicale * Concert de rock * Ballet * Cabaret * Théâtre en musique * Quatuor * Récital de piano * Théâtre**

La FILharmonie offre un programme culturel varié: différents abonnements dans les domaines du théâtre musical, classique, théâtre et enfin les deux abonnements du théâtre pour enfants.
Les stars internationales de la musique classique, rock et pop se sont déjà produites dans la FILharmonie.
Semaines expérimentales, cabaret, expositions et lectures soulignent la diversité de l'offre.
Les associations de Filderstadt ont volontiers recours à la FILharmonie pour concerts, bals, anniversaires, etc.

Page 78

**Economie**

**Zone industrielle de Bernhausen * Centre de fret aérien * Modine * Chaîne de production**

Les Filder font partie aujourd'hui des meilleurs sites industriels dans la région de Stuttgart. La proximité de l'autoroute A 8 et de la route nationale B 27 ainsi que de l'aéroport est considérée comme un facteur favorable. Il ne faut pas non plus sous-estimer la présence, aux alentours, des universités de Stuttgart-Vaihingen et Stuttgart-Hohenheim.
La structure économique de Filderstadt se caractérise par une grande diversité des branches et une solide implantation des PME. On compte parmi les secteurs représentés: la construction mécanique, l'informatique, l'électrotechnique, l'imprimerie ou l'artisanat du bâtiment. Même si l'économie s'est installée massivement à Bernhausen et Bonlanden, elle ne s'est pas concentrée uniquement sur ces deux quartiers.
La promotion industrielle municipale s'efforce, grâce à sa politique structurelle, de maintenir les emplois existants et de favoriser, en outre, l'industrie et les prestations de service en distribuant des surfaces à destination commerciale. Celles-ci se trouvent avant tout sur des sites qui sont parfaitement desservis par le réseau routier régional.
La ville s'efforce également de promouvoir la diversité des nouveaux emplois afin de créer un tissu industriel et commercial sain.
L'exploitation parcimonieuse des surfaces constitue un autre objectif du plan d'occupation des sols. Le territoire des Filder étant limité, on favorise les entreprises dont les besoins en surfaces sont les moins exigeants.

Page 79

*Zone industrielle de Bernhausen et centre de fret aérien*

*Centre administratif et de recherche de Modine, multinationale de sous-traitance pour l'industrie automobile*

*Chaîne de production ultramoderne de l'usine Herma*

Page 80

**Emplois**

**Aiguilleurs du ciel * Superstructures * Artisanat * Electrotechnique * Restaurant * Auberge en plein air**

Filderstadt dispose de plus de 16000 emplois. L'évolution économique des dernières décennies fait apparaître, à Filderstadt également, une mutation structurelle dans le sens d'une société de prestations de service: si les entreprises qui se sont implantées dans les années 1950 et 1960 faisaient partie essentiellement de l'industrie productrice, 28 pour -cent des employés travaillent aujourd'hui dans cette branche contre 72 pour cent dans le domaine des prestations de service.

Si environ 8000 employés viennent travailler à Filderstadt, 13000 quittent la ville pour se rendre sur leur lieu de travail.

*Contrôle des vols dans la tour de l'aéroport aux abords de Bernhausen*

*Montage de pièces en béton préfabriqué pour un hall d'usine*

*Fabrication de fenêtres dans une menuiserie*

*Montage de pièces électroniques*

Page 81

**Gastronomie**

Filderstadt culinaire: Environ 70 restaurants vous invitent à manger et à boire à Filderstadt. Que ce soit la cuisine bourgeoise ou des spécialités étrangères ou bien encore la cuisine rustique dégustée «au vert», tous les goûts peuvent être satisfaits.
Pour les visiteurs venant de l'extérieur, Filderstadt dispose d'un large éventail d'hôtels qui enregistrent 100 000 nuitées par an.

Page 82

**Prestations de service**

**Banque * Alimentation * Librairie * Caviste * Relieur * Tailleur de pierres * Menuisier * Construction d'échafaudages * Boulanger**

Les centres villes sont animés par d'innombrables prestataires de services et commerces de détail dont l'offre en marchandises est variée et de grande qualité.
Les associations commerciales et industrielles locales organisent régulièrement, dans chaque quartier, des expositions commerciales et des foires-expositions afin de démontrer le standard élevé de l'artisanat et du commerce et de fidéliser la clientèle locale.

Page 83

**Artisanat**

L'artisanat représente un facteur important de la vie économique de Filderstadt. Il existe plus de 500 entreprises artisanales à caractère essentiellement familial.

L'artisanat du bâtiment a une longue tradition dans les Filder. Au début du XXe siècle, les artisans du bâtiment constituaient déjà, et de loin, le plus grand groupe d'artisans dont beaucoup travaillaient à Stuttgart comme ouvriers salariés.

Page 84

**Trafic**

**Nationale B27 * Autoroute A8 * Cyclisme * Rond-point * Gare de Bernhausen**

Filderstadt est parfaitement desservi grâce à l'autoroute A 8 ainsi qu'à la route nationale B 27. C'est un facteur qui n'est pas uniquement apprécié par les différents acteurs économiques de Filderstadt. Toutefois, la mobilité a son prix: augmentation constante du bruit et des gaz d'échappement.
Selon les pronostics, le trafic va encore augmenter considérablement, surtout sur l'autoroute A 8 et la nationale B 27.

Les habitants de Filderstadt souffrent certainement du trafic national bien qu'une partie essentielle de leurs problèmes de transport soit d'origine locale. C'est la raison pour laquelle la ville s'efforce de promouvoir les alternatives au trafic routier, en particulier les deux roues mais également le trafic régional public et la création d'une zone à vitesse limitée à 30 km/h.

*Sortie Filderstadt-Est de la nationale B 27 dans la zone industrielle de Bonlanden*

*Autoroute A8 – Filderstadt est reliée au réseau d'autoroutes*

*Rond-point pour le ralentissement de la circulation*

*Filderstadt fait du vélo – sur un réseau serré de pistes cyclables bien aménagées*

Page 85

**RER**

La prolongation du RER de l'aéroport jusqu'à Bernhausen constitue une amélioration sensible des transports en commun. Depuis 2001, Filderstadt est relié toutes les demi-heures à la métropole et sa région, l'aéroport et le parc des expositions ne sont plus qu'à quatre minutes.
Face à la gare du RER se trouvent aussi un parking couvert de 350 places et la gare routière. Les horaires des autobus sont adaptés à ceux du RER, si bien que les cinq quartiers sont parfaitement intégrés au réseau de transport interrégional.
Afin de réglementer la circulation, Filderstadt a été l'une des premières villes du Bade-Wurtemberg à instaurer, en 1990, une limite de vitesse à 30 km/h sur tout le territoire de la commune.

*La ligne 2 du RER rapproche encore Filderstadt de la métropole régionale : il faut à peine une demi-heure pour arriver au centre de Stuttgart.*

*La gare de 1897 rappelle qu'autrefois déjà , une ligne de chemin de fer passait par ici .*

*Aujourd'hui, le RER est largement utilisé.*

Page 86

**Aéroport**

**Aéroport * Centre de fret aérien * Tour de contrôle * Parc des expositions**

Filderstadt est tout proche de l'aéroport international de Stuttgart. L'augmentation du trafic aérien a été sensible ces dernières années. On compte maintenant plus de dix millions de passagers par an dont un tiers sur des vols intérieurs et deux tiers sur des vols étrangers. Parallèlement, le nombre des emplois sur l'aéroport a également augmenté; les environ 250 entreprises emploient plus de 10 000 personnes dont 15 pour cent viennent de Filderstadt.
La partie principale de l'aéroport, en particulier la piste de décollage et d'atterrissage de 3345 mètres, se trouve sur le finage de Bernhausen. En revanche, la plupart des bâtiments de l'aéroport se situe sur le territoire de Echterdingen.
Le centre de fret aérien et l'escadrille d'hélicoptères de la police du Land Bade- urtemberg se trouvent égalementsur le finage de Bernhausen. Il en est de même de l'US-Airfield utilisé par les forces armées américaines.
Il n'est pas besoin de souligner que le voisinage de Filderstadt avec l'aéroport ne s'est pas toujours déroulé sans conflit. Au centre des litiges des dernières décennies autour des agrandissements de la piste de décollage: la pollution sonore pour la population mais également la perte de surfaces, proches des fermes, pour les cultivateurs.

*Aéroport de Stuttgart – voisin au nord de Filderstadt*

*Le centre de fret aérien au nord de Bernhausen*

*Achevée en 1995 à la lisière de Bernhausen, la tour de contrôle abrite aussi la station régionale de la météorogie nationale, responsable du Bade-Wurtemberg .*

Page 87

**Parc des expositions**

Avec ses 105 000 m² de salles, ses 40 000 m² de surfaces extérieures et son palais des congrès multifonctions, le parc des expositions, inauguré en 2007 aux abords de Filderstadt, a l'avantage d'être parfaitement raccordé au réseau de transports en commun. Il valorise indubitablement Filderstadt, déjà centre industriel, et représente pour les entreprises locales, dans les domaines économiques les plus divers, de nouvelles opportunités et l'ouverture de nouveaux marchés. Quant à la gastronomie et l'hôtellerie locales, elles ne peuvent que profiter largement de cette proximité.

*De multiples expositions attirent les visiteurs au parc des expositions – très facilement accessible pour les autochtones*

*Le nouveau parc des expositions dans la plaine des Filder ; au fond Bernhausen*

Page 88

**Agriculture**

**Récolte des choux * Champs de laitues * Culture du chou * Récolte des salades * Vente à la ferme * Arrosage**

Le nom de Filder (champs), mentionné dès 1267, souligne l'importance de l'agriculture. Les Filder sont considérés, depuis des siècles déjà, comme le grenier de Stuttgart en raison de ses sols particulièrement fertiles. Depuis le XIXème siècle, le chou blanc pointu est l'emblème des Filder, même si ce n'est pas le seul produit agricole cultivé ici.
Depuis la forte régression des conserveries de choux, les agriculteurs se sont adaptés à l'évolution du marché en cultivant de plus en plus de légumes, qu'ils commercialisent par l'intermédiaire du marché de gros, de la grande distribution et des revendeurs ou bien par la vente directe au consommateur sur les marchés et de plus en plus à la ferme.
Même si le nombre des exploitations a nettement diminué, l'agriculture locale reste encore compétitive.

*Récolte des choux – Le chou joue encore un grand rôle pour les Filder. Mais le chou pommé a pratiquement remplacé le chou pointu, autrefois caractéristique de la région.*

*Les champs de salade embellissent le paysage de leurs diverses couleurs*

Page 89

*Les légumes fins ont évincé le chou dans l'agriculture locale ; leur cueillette est assurée en grande partie par des saisonniers étrangers*

*La vente directe joue une rôle important pour les cultivateurs ; ici sur place, à la ferme*

*Les salades sont plus exigeantes que les choux : un arrosage intense est indispensable*

Page 90

**Jumelages**

**Dombasle * La Souterraine * Oschatz * Poltawa * Selby**

Filderstadt est jumelé avec cinq villes. Dès 1972/73, la commune de Bernhausen a noué des liens avec les deux villes françaises de ta Souterraine et Dombasle, liens qui ont été entretenus par des contacts intensifs au niveau des écoles, des associations, etc. En 1988, les villes voisines de Leinfelden-Echterdingen et Ostfildern se sont associées pour instituer un partenariat avec la ville de Poltawa en Ukraine. Depuis 1990, Filderstadt est jumelé avec Oschatz en Saxe. En 2002 a été scellé le cinquième partenariat avec la ville anglaise de Selby. Rencontres des habitants et échanges entres scolaires, sportifs, artistes et musiciens sont au cœur de ces jumelages. De nombreuses associations participent intensément aux activités sur place et aux programmes des villes amies. L'association Poltawa, la société franco-allemande et la société Allemagne-Grande-Bretagne collaborent étroitement avec leurs homologues à l'étranger.

**Dombasle**

La ville se situe dans le département de la Meurthe et Moselle, à 13 kilomètres au sud de Nancy, et compte environ 10000 habitants. Dombasle est une très vieille ville qui a été mentionnée pour la première fois au 8ème siècle.
La vieille ville est maintenant bordée, à l'ouest et au sud, par une grande zone industrielle: l'usine Solvay, fondée en 1873 sur le canal Rhin-Marne, et son bassin portuaire marquent l'image de la ville. Il existe également une grande usine chimique spécialisée dans la fabrication du chlore liquide et de différentes sortes de soda avec tous ses produits secondaires. Il faut nommer également une saline avec une grande production de sel de cuisine. La vie du Dombasle actuel est très dynamique grâce, entre autres, à de nombreuses associations actives. Le point culminant de la vie associative est la fête de la quiche lorraine, qui se déroule tous les deux ans avec un grand défilé.

*La mairie de Donbasle*

*La fête de la quiche lorraine à Donbasle*

**La Souterraine**

La ville de La Souterraine, située au centre de la France, dans le département de la Creuse, compte environ 6000 habitants. On y trouve encore quelques vestiges du moyen âge. Le bâtiment le plus ancien est l'église Notre-Dame, construite entre le XI e et le XII e siècle et dont la crypte est admirable. Emblème de la ville, la tour St Jean, datant du XIII e siècle, est partie intégrante des remparts encore bien conservés. Le centralisme grandissant à l'époque de l'absolutisme fit perdre à la ville de son importance, comme à nombre de petites villes françaises. Après la deuxième guerre mondiale, elle connu un essor tout particulier. Avec ses écoles secondaires (lycée et école professionnelle), sa maison de retraite, sa salle des fêtes, ses cinémas, sa bibliothèque, son stade, etc., elle est devenue le centre culturel, social et économique de la région.

*Notre-Dame, église médiévale de La Souterraine*

*Hôtel de ville de La Souterraine*

Page 91

**Oschatz**

La ville se situe entre Leipzig et Dresde et possède environ 20 000 habitants. Le nom Oschatz est attesté pour la première fois autour de 1200. En 1238, ce lieu est désigné pour la première fois comme «ville». L'apogée se situe au XVème et XVIème siècle, lorsque la ville d'Oschatz faisait partie des villes de drapiers les plus importantes. Cette époque nous a laissé de nombreuses maisons bourgeoises, la mairie renaissance ainsi que l'église Saint-Egide du gothique tardif. Avec son raccordement à la ligne de chemin de fer Dresde-Leipzig en 1839, l'industrialisation d'Oschatz offrait d'excellentes conditions: 9construction de balances, fabrication et façonnage du feutre ainsi que la production de laine définissent la structure économique de la ville. En tant que siège d'un district, Oschatz a bénéficié de nombreuses institutions centrales comme l'hôpital, des écoles, l'école normale, etc... La vieille ville historique avec ses remparts, le musée régional ainsi que les 50 kilomètres de chemin de fer à voie étroite font partie des curiosités à visiter aujourd'hui.

*Le nouveau marché, la mairie et l'église Saint-Egide à Oschatz*

**Poltawa**

La ville ukrainienne, avec ses 320000 habitants, se situe sur les bords de la Worskla, un affluent du Dniepr. La ville est mentionnée pour la première fois en 1174. Poltawa devint célèbre, en 1709, lorsque le Tsar, Pierre le Grand, battit le Roi de Suède, Charles XII lors de la bataille de Poltawa, et remporta ainsi la deuxième guerre nordique au profit de la Russie. Au XVIIIème et XIXème siècle, Poltawa était une ville de province tranquille.
Elle possède aujourd'hui cinq universités, un observatoire gravimétrique, plusieurs musées et théâtres. L'image de la ville est marquée par de nombreux parcs: chaque habitant dispose de 37 mètres carrés d'espace vert. Poltawa abrite également de nombreuses entreprises dont, en particulier, les usines chimiques et les entreprises chargées de fabriquer des diamants artificiels et des outils diamantés.

*L'hôtel de ville de Poltawa*

**Selby**

Selby, petite ville de 22 000 habitants, se trouve dans le comté du Yorkshire au nord de l'Angleterre, entre York et Leeds. Son église abbatiale fondée en 1009 est un véritable joyau ; elle est en effet l'une des églises médiévales les plus vastes de Grande-Bretagne et parmi les rares à être aussi parfaitement conservée. Selon la légende, saint Germain serait apparu en rêve à Benoît d'Auxerre pour lui commander d'ériger un monastère à l'endroit où trois cygnes sortaient de la rivière. On les retrouve dans les armoiries de l'abbaye et de la ville.

Située sur la rivière Ous, la ville est dotée d'un port important, où prospéraient autrefois des chantiers de constructions navales. De nos jours, Selby est un nœud ferroviaire et routier, où une industrie alimentaire prospère transforme les produits de l'agriculture locale.
La commune est bien connue pour ses deux centrales électriques et surtout ses mines de charbon, exploitées jusqu'en 2004, dans le cadre d'un des projets miniers les plus ambitieux au monde. Cependant, les mines qui faisaient la richesse de Selby furent très vite victimes de la baisse des prix du charbon et de l'augmentation des frais de production. En 2004, elles ont toutes été fermées.

*Les cultures maraîchères par contre, sont toujours florissantes et le célèbre marché de Selby est particulièrement pittoresque.*

*La cathédrale gothique de Selby.*

**Фільдерштадт - фотоальбом**

Редакція: м. Фільдерштадт

Транскрипція власних назв здійснена згідно з нормами української мови.

Ст. 2-3
**Фільдерштадт (Filderstadt)**

**Ми – Фільдерштадт**

Ст. 4-5
**Фільдерштадт (Filderstadt)**

**Ласкаво просимо до Фільдерштадта**
**Фільдерштадт – місто молодих**
**Місцевість Фільдер з висоти пташиного польоту**

Місцевість Фільдер, яка ще декілька десятиліть тому була майже виключно аграрною, належить сьогодні до одного з найпотужніших районів за темпами економічного росту у регіоні Штутгарта. Після Другої світової війни впродовж декількох десятиріч у Фільдері спостерігався надзвичайно високий темп урбанізації. Колишня сільська місцевість перетворилась у передмістя мегаполісу з улюбленими закладами для відпочинку та дозвілля, а також у привабливу для комерційних структур та підприємництва територію. Завдяки курортним зонам Шьонбух та Швабський Альб, які знаходяться по сусідству, Фільдер набув також широкого визнання як житловий район. Водночас автострада А8 та аеропорт неподалік посприяли розміщенню в районах промислових підприємств.

Для цих територій типовими є деякі відмінності: з одного боку – це високотехнологічна індустрія (наприклад виробництво чіпів) та найсучасніший аквапарк у регіоні, з іншого – замріяні куточки зі столітніми фахверковими будинками, міські центральні частини, де досі з турботою доглядають сади чи займаються сільським господарством. Втім, такі контрасти є цілком характерними для штутгартських громад та мають свою привабливість, іноді це називають «урбанізацією без урбанізованості». Тут важливо знайти вирішення, які б задовольняли різні вимоги.

Виникнення міста Фільдерштадт пов'язане з територіальною реформою 1975 року. Саме тоді п'ять громад: Бернгаузен, Бонлянден, Гартгаузен, Пляттенгардт та Зільмінген об'єднались в одну. Сьогодні вона налічує 44 тис. мешканців і є другою за величиною в окрузі Есслінген. Звичайно, така реформа зазнала свого часу чималої критики. Проте не можна недооцінювати можливостей подібного об'єднання у більшу адміністративну одиницю. З огляду на цільові суперечності в розрахунках територіально-господарського комплексу: житло, праця, транспорт, охорона навколишнього середовища, – узгодження координаційного плану дій у великих територіальних громадах є просто невід'ємною складовою. Тоді б вдалося уникнути деяких помилок 50-х та 60-х років. Більша громада Фільдера означає також дієвіше представництво її інтересів на міському чи регіональному рівні, зокрема щодо питання міської залізниці до Фільдерштадта.

Крім цього, лише велика адміністративно-територіальна одиниця створює умови для різнобічних культурних пропозицій, серед яких, наприклад, проведення культурно-мистецьких заходів у приміщенні «ФІЛгармонії», організація шкіл: народної вищої, мистецької та музичної, міської бібліотеки, краєзнавчого музею тощо.

Безперечно, слід не лише дбати про міську ідентичність Фільдерштадта, але й одночасно піклуватись про самобутність окремих його дільниць, збереження їх старих і нових традицій. Та й справді, діяльність клубів і товариств продовжує демонструвати активність, це видно хоча б з організованих ними святкувань. Тішить і те, що на міському рівні утворилися численні товариства, а місцеві клуби об'єднались.

Таким чином, з упевненістю можна стверджувати, що у свідомості людей поступово формується регіональна самоідентичність. Цьому сприяють спільні міжрайонні інституції. Найяскравішим прикладом є школи, які через щоденні навчання та працю об'єднують вихідців з різних дільниць міста, передовсім юне покоління.

Ст. 6-7
**Бернгаузен (Bernhausen)**

**Церква св. Якова**
**Залізничний вокзал у Бернгаузені**
**Бернгаузен – вид з півночі**

Найбільший район Фільдерштадта Бернгаузен має величне минуле: перша згадка, яка датується 1089 роком, є найдавнішим документальним свідченням про поселення у місцевості Фільдер.

Стара частина селища виникала між церквою та фортецею, уздовж схованого сьогодні під землею струмка Катценбах, а межею були обидві паралельні до нього вулиці – Розенштрассе та Гінтере Ґассе.

Досягти чималого добробуту Бернгаузену допомогли два чинники: родючі землі та шлях Альбштрассе, який пролягав через Бернгаузен, та сполучав міста Штутгарт і Ульм через Метцінген. Однак після спорудження у 1850 році вюртембергської залізниці до Ульму зручне розташування втратило своє значення. Тепер інвестиції спрямовувались на розвиток сільського господарства. Місцевість Фільдер перетворилась на центр вирощування капусти, яка користувалась попитом, зокрема, у сусідньому мегаполісі.

Лише після Другої світової війни, оцінивши розміщення автостради та аеропорту, тут (уздовж фільдерської залізниці) почали зосереджувати промислове виробництво.

Поступово виникали нові житлові райони, для яких в останні роки була створена необхідна інфраструктура. Сьогодні у центральній частині Бернгаузена розташовані численні магазини, кафе й ресторани. У Бернгаузені є також закритий басейн, спортивні клуби, міська галерея, молодіжний центр і т.і.

Ст. 6
*Вежа церкви св. Якова 1422 року є найстарішою спорудою у Фільдерштадті. Завершення будівництва повздовжньої частини церкви – нави та хорів припадає на 1475 рік.*

*Станція міської залізниці у Бернгаузені перетворилась у новий центр дільниці. Розміщене тут кафе запрошує скоротати час. Історична будівля вокзалу 1897 року та сучасна атмосфера створюють цікаву архітектонічну композицію.*

Ст. 7
*Центр дільниці Бернгаузен – вид з півдня*

*Вид на Бернгаузен з вежі авіадиспетчерської служби*

Ст. 8-9
**Бернгаузен**

**Ратуша**
**Ґоттгард Мюллер**
**«Вічне кладовище»**
**«Шльосслє»**
**Кінний ринок**
**Підприємство по переробці капусти**

*Стара ратуша. Найстаріша частина цієї розкішної фахверкової будівлі походить з 1616 року. Дерев'яна каркасна конструкція верхнього поверху є дещо молодша. Сьогодні в цьому приміщенні розташована частина міського муніципалітету.*

*Ґоттгард Мюллер, уродженець Бернгаузена, навчався у Парижі, у 1776-94 роках був професором штутгартської Вищої школи Карлсшулє. У 1797 році Ґьоте так написав про нього: «Техніка гравюри на міді досягла тут [у Штутгарті] справді високого рівня; професор Мюллер є одним з найвеличніших митців у цій царині».*

*«Вічне кладовище». У 1871 році Старопієтичне товариство заснувало приватне кладовище, могили на якому заборонялось використовувати для повторного захоронення.*

Ст. 9
*«Шльосслє» (палацик), фермерський будинок 1588 року, після реконструкції у 1998 році став справжньою окрасою центру дільниці.*

*Демонстрація знаряддя для верхової їзди на кінному ринку Бернгаузена*

*Вирощування та продаж капусти у Бернгаузені має давню традицію. З 1960-тих років бернгаузькі фермери зосереджують свою увагу лише на овочівництві та збуті власної продукції. Сьогодні серед фільдерських громад Бернгаузен є безумовним лідером з вирощування капусти.*

Ст. 10-11
**Бернгаузен**

**Минуле і сучасне**
**Міський ринок**
**Скульптура біля вокзалу**
**Вежа**
**«Casa Medici»**

*Старовинна та сучасна архітектура: модерне приміщення банку та фахверкова будівля XVII століття*

*Двічі на тиждень у пішохідній зоні розгортається ринок. Ліворуч - скульптура Курта Граберта «Краутмарі»*

Ст. 11
*Скульптурна композиція Роберта Шада «Фільдершпіль» на привокзальній площі*

*Сучасна архітектура на півдні дільниці: вежа*

*Нове архітектурне обличчя міста: у комплексі «Casa Medici» розмістились лікувальні кабінети, магазини і кафе.*

Ст. 12-13
**Бонлянден (Bonlanden)**

**Загальний вид**
**Будинок священника**
**Бонлянден з висоти пташиного польоту**
**«Кроне»**
**Ґутенгальде**

Бонлянден «частково на узвишші, частково на схилах до долини Бомбахталь, яка тут починається», – так влучно ще у 1851 році було окреслено розташування цієї місцевості на узліссі Шьонбуха. У часи середньовіччя на згаданому пагорбі стояв замок володарів Бонляндена, який ще дотепер можна розпізнати за валами та ровом і який утворює центр поселення.

Назва Бонлянден вказує на те, що селище виникло у зв'язку з корчуванням лісу – «лісова місцевість».

Внаслідок «здебільшого неродючих земель» багато чоловіків у XIX столітті вирушало звідси «на сезонні будівельні роботи, в той час як їх жінки, окрім сільськогосподарської роботи, займались ткацтвом». Іншим джерелом доходів було виготовлення та продаж щіток і віників. У 1905 році священник з Бонляндена зробив ось таку нотатку: «З відкриттям фільдерської залізниці населення промислових районів зростає з року в рік. Значна частина мешканців шукає заробітку у Штутгарті». У 1920-х та 1930-х роках Бонлянден перетворився на робітниче поселення.

Після Другої світової війни тут розпочалось інтенсивне будівництво житла, а починаючи з 1960-х років розгорнулась промисловість. З відкриттям федеральної дороги B27 бонлянденський промисловий район отримав чудове транспортне сполучення. Одночасно між Бонлянденом та Пляттенгардтом були споруджені шкільний центр, спортивні заклади та аквапарк «Фільдорадо».

У 1989 році центральна частина району між краєзнавчим музеєм, криницею та вулицею Обердорфштрассе була реконструйована та перетворена в архітектурну окрасу Фільдерштадта.

*Вид на Бонлянден із заходу*

*Будинок священника.*
*Товщина мурів першого поверху теперішнього будинку священника сягає одного метра. Колись тут знаходився замок*

*володарів Бонляндена, його вали та рови вражають і сьогодні, а їх архітектурна форма є рідкістю для нашого регіону. Своїй першій згадці (1269 рік), а також селищному гербу Бонлянден завдячує власникові замку рицарю Вольфеліну Бонлянденському.*

Ст. 13
*Центр дільниці - вид з півдня*

*Історична вивіска колишнього ресторану «Кроне» (корона)*

*В садибі Ґутенгальде, споруджєній у 1946-48 роках, знайшла притулок соціально-терапевтична спілка. Чудово відреставрована пам'ятка архітектури стала нині окрасою місцевості.*

Ст. 14-15
**Бонлянден**

**Церква св. Георга**
**Краєзнавчий музей**
**Альфонс Фюгель**
**Давильня**

*Церква св. Ґеорга 1472 року. На особливу увагу заслуговує центральний архітектурний ансамбль селища, до якого належать церква св. Георга, дім священника та фахверкові будівлі. У процесі реконструкції ця частина була переобладнана в зону з обмеженим транспортним рухом, пейзаж котрої пожвавлюють криниця та рівчак.*

Ст. 15
*Ратуша Бонляндена була споруджена у 1563 році. Нині тут знаходиться краєзнавчий музей.*

*Найвідомішим уродженцем Бонляндена є оперний співак Альфонс Фюгель (1912-1960). Народився в сім'ї бонлянденського плиточника. З 1935 року здобував вокальну освіту, згодом виступав на оперних сценах Ульма, Мюнхена та Граца, а у 1940-х роках увійшов до числа найславетніших німецьких тенорів.*

*Колишня давильня нагадує про те, що до 70-х років минулого століття в Бонляндені займались виноробством. Тепер в цьому приміщенні розмістився осередок бонлянденського товариства «Швабський Альб», а влітку тут працює ресторан.*

Ст. 16-17
**Бонлянден**

**«Герма»**
**Житловий масив «Бонлянден-Норд»**
**«Фільдорадо»**
**Лібфрауенкірхе**
**«Бонлянденбаум»**

*Сучасна будівля фірми «Герма»*

*Новий житловий масив у північній частині Бонляндена*

Ст. 17
*«Фільдорадо» – один з найсучасніших аквапарків на півдні Німеччини; його спорудження було завершене у 2006 році.*

*Костел Лібфрауенкірхе, збудований у 1958 році, є найстарішою католицькою спорудою Фільдерштадта. З 2008 року тут діє центр духовної допомоги.*

*«Бонлянденбаум» (бонлянденське дерево) Вальдемара Бека та Герберта Гебіха*

Ст. 18-19
**Гартгаузен (Harthausen)**

**Гартгаузен з панорамою Швабського Альбу**
**Вид на Гартгаузен з півдня**
**Гартгаузен з висоти пташиного польоту**

*Гартгаузен з панорамою Швабського Альбу. Ще Мьоріке називав Швабський Альб «синьою стіною», пересвідчитись у цьому можна в Гартгаузені.*

*Вид на Гартгаузен з південного сходу*

Ст. 19
*Вид на Гартгаузен з півдня*

Назва Гартгаузен походить від слова «гарт» (ліс), та означає ніщо інше як «будинки біля лісу». Через свою маленьку територію ця місцевість була досить бідною. Колись основним джерелом доходів громади був лише податок на землю. Тяговими тваринами тутешнім мешканцям слугували не коні, а корови, тож і називали їх «коров'ячими дзвониками» чи «телятами». Вже у XIX столітті у Гартгаузені почали займатись торгівлею великої рогатої худоби.

Вздовж вулиці Гартгойзер Гауптштрассе вишикувались здебільшого маленькі оселі, відомі також як «сельднерські будинки». Тут мешкали дрібні селяни, які, окрім сільського господарства, заробляли на хліб і ремісництвом. Починаючи з XIX століття багато жителів Гартгаузена наймались сезонними робітниками на будівництво.

Споруджена у 1897 році фільдерська залізниця принесла певне поліпшення, проте вокзал Бернгаузена знаходився аж за п'ять кілометрів. Лише відкритий 1925 році автобусний маршрут до Штутгарта дав Гартгаузену пряме транспортне сполучення. У перші десятиліття після Другої світової війни тут спостерігався найбільший з-поміж усіх п'яти районів приріст населення. Число мешканців збільшилось від 600 осіб до понад 4 тис. на сьогоднішній день. Нині завдяки чудовій панорамі Швабських Альб Гартгаузен є популярним населеним пунктом. У післявоєнні роки було докладено всіх зусиль, щоб побудувати школи, дитячі садки, спортивні заклади і невеликий закритий басейн, спорудити нові житлові масиви та промисловий район.

Ст. 20-21
**Гартгаузен**

**Презентація продукції**
**Школа «Лінденшулє»**
**Площа Марктплятц**
**Церква**
**Три липи**
**Ратуша**
**Костел св. Йосифа**

*Презентація продукції місцевих виробників у Гартгаузені: ремісничі і торгові підприємства регіону докладають усіх зусиль, аби заохотити до купівлі місцевої продукції.*

*Школа «Лінденшулє» - колишня сільська школа, заснована у 1907 році*

*На оновленій площі Гартгаузена Марктплятц відбуваються не лише щотижневі ринки, тепер це улюблене місце для проведення фестин і червневих святкувань «Марктплятцфест».*

Ст. 21
*Протестантська церква, споруджена у 1838 році у стриманому стилі пізнього класицизму («канцелярський стиль»). Його характерними рисами є прості форми приміщень, відсутність хорів та чітка симетрія внутрішнього інтер'єру. Церква у Гартгаузені є однією з останніх неокласичних, згодом у сакральній архітектурі популярність завоював неоготичний стиль.*

*Три липи (434 м над рівнем моря) стали символом Гартгаузена. У 1999 році одну з лип замінили новою.*

*Костел св. Йосифа, 1968 рік*

Ст. 22-23
**Пляттенгардт (Plattenhardt)**

**Храм св. Антоліануса**
**Пляттенгардт з висоти пташиного польоту**
**Загальний вид**

Мьоріке, вірш про пожежну службу, вежа Ульберґтурм – поняття, які мимоволі асоціюються з Пляттенгардтом та роблять цю місцевість відомою.

Село Пляттенгардт, яке формувалось уздовж Шьонбуха і через те отримало форму «однієї вулиці» (порівнюючи, говорили «завдовжки у Пляттерт»), отримало свою назву від розташування та означає «рівнинний ліс». Справді, 37 відсотків всієї території вкриває лісовий масив.

Вище села, якраз на межі Шьонбуха, до 1287 року стояв замок бернгаузьких можновладців, про який створено чимало легенд.

Через недостатньо родючі ґрунти Пляттенгардт належав радше до бідних громад Фільдера, тому його мешканці були змушені заробляти на своє прожиття не лише сільським господарством. Вже у 1851 році тут налічувалось більш аніж 100 будівельників, «котрі влітку працювали здебільшого у Штутгарті». Інші шукали кращої долі в Америці, як приміром «батько американської авіації», винахідник Якоб Бродбекк. Пляттенгардт відомий також своїм новаторським духом: у 1925 році на вулиці Ульберґштрассе була споруджена величезна фабрична будівля з експресіоністськими архітектурними елементами, у 30-х роках тут діяв гурток планеристів, а наприкінці 50-х у Пляттенгардті проводились європейські першості з хортячих перегонів.

Після Другої світової війни Пляттенгардт теж зазнав економічного зростання, виникали новобудови й промислові райони. Вище від Пляттенгардта, у Вайлєргау, були збудовані школа, невеликий басейн, спортивні зали та нові житлові дільниці. Також тут розташовані тенісні корти, які завдяки жіночим турнірам «Гран прі», що відбувались до 2005 року, принесли Фільдерштадту міжнародне визнання.

*Храм св. Антоліануса. Під час реставраційних робіт у 1964 році тут було знайдено фундамент романської церкви-попередника. Найдавнішими елементами є пізньоготичний хор (приблизно 1480 рік) та повздовжня частина церкви – нава (1521 рік). Сьогоднішня форма вежі походить з 1787 року. Раритетом є готичне розп'яття 1510 року.*

Ст. 23
*Вид на Пляттенгардт з південного сходу*

*Вид на Пляттенгардт зі сходу*

Ст. 24-25
**Пляттенгардт**

**«Шнеккен»**
**Пожежна служба**
**Будинок священника**
**Якоб Бродбекк**
**Едуард Мьоріке і Луізе Рау**

*Назву «Шнеккен» (равлики) ця споруда отримала завдяки сходам у вигляді спіралі. Будинок був зведений у 1553 році, а згодом у 1578 році - розширений. Після реставрації 1998 року тут розмістився ресторан.*

*Пожежна служба «Пляттенгардтський Д'Фуєрвер».*
*«Звуть мене Якоблє. А мій дідусь був найкмітливішим чолов'ягою у цілому Пляттенгардті», – так розпочинається історія про пляттенгардтських пожежників у «Гороб'ячій мудрості», створеній в 1912 році Мартіном Лянгом, яка зробила цю місцевість відомою у цілому Вюртемберзі. Саме завдяки цій історії мешканців Пляттенгардта називають «вогнеборцями» або «зобами».*

Ст. 25
*Ринок сільськогосподарської продукції в центрі Пляттенгардта. На задньому плані – будинок священника, в якому у 1829 році мешкав Едуард Мьоріке.*

**Якоб Бродбекк (1821-1910)**
*Бродбекк емігрував до Америки, де у 1865 році першим сконструював пілотований гвинтовий літак. Однак досягти успіху йому не вдалось, оскільки бракувало відповідного привідного механізму. Адже, як відомо, двигун внутрішнього згорання було винайдено пізніше. Власне його у 1903 році для гвинтового літака застосували брати Райт. Та все ж, у США Бродбекка вважають «батьком американської авіації».*

*У 1829 році на протязі восьми місяців Едуард Мьоріке служив вікарієм при місцевій парафії. Тут він заручився з донькою пляттенгардтського священника Луізе Рау. За оцінкою фахівців його листи та вірші, присвячені Луізе, належать до*

*спадщини світової літератури.*
*Пам'ятник роботи Маркуса Вольфа є спогадом про Едуарда Мьоріке та Луїзе Рау.*

Ст. 26-27
**Пляттенгардт**

**Вежа Ульбергтурм**
**Громадський центр**
**Кам'яні хрести**
**Нижній малий млин Міхеля**

*Вежа Ульбертурм (469 м над рівнем моря) споруджена у 1963 році товариством «Швабський Альб». Ще у 1903 році тут було облаштовано дерев'яний оглядовий майданчик. Звідси відкривається надзвичайно гарний краєвид на Шьонбух та Швабський Альб. Догляд за вежею здійснює пляттенгардтське товариство «Швабський Альб».*

Ст. 27
*Громадський центр Пляттенгардта був створений у 2003 році на кошти приватних спонсорів та адміністрації Фільдерштадта. Тут розмістились крамниці, лікувальні кабінети, філія міської бібліотеки, зал для проведення громадських заходів, а також різні спілки та організації.*

*Легенда твердить, що ці хрести є згадкою про сімох синів пляттенгардтського рицаря. Нібито, саме на цьому місці у них виникла сварка, і вони повбивали один одного. Насправді ж, йдеться про хрести спокути з часів пізнього середньовіччя (імовірно з XV століття), які на знак розкаяння встановлювались винуватцями за вдіяні ними злочини.*

*Два млини у долині Зібенмюлєнталь стоять на території Пляттенгардта. Нижній малий млин Міхеля (вгорі), перша згадка про який датується 1588 роком, був у 1907 році переобладнаний в лісопильню, а Верхній малий млин Міхеля (фото), збудований у 1709 році, працював ще до середини 70-х років.*

Ст. 28-29
**Зільмінген (Sielmingen)**

**Церква св. Мартіна**
**Зільмінген з висоти пташиного польоту**
**Загальний вид з північного заходу**

«Загалом заможні мешканці є надзвичайно старанними, домовитими та набожними. Вони провадять замкнутий спосіб життя та рідко навідуються у шинок. Сільське господарство, яке є основним джерелом заробітку місцевого населення, ведеться дбайливо», – ось такою була характеристика Зільмінгена у 1851 році. В ці часи Зільмінген ще був поділений на два окремих села: Верхній та Нижній Зільмінген. Стара частина Нижнього Зільмінгена охоплювала церкву св. Мартіна та ратушу, а далі проходила вздовж головної вулиці Зільмінгер Гауптштрассе; Верхній Зільмінген знаходився у трикутнику вулиць Енге Штрассе – Капелленштрассе – Лянге Штрассе з готичною каплицею у центрі.

Лише в 1923 році обидві громади об'єднались, а згодом, у процесі розвитку селища зрослись в одне ціле.

З появою залізничних комунікацій у 1897 році кількість доїжджаючих збільшилась, проте ще до середини 1950-х та 1960-х років завдяки обширній території та родючим грунтам головною характерною рисою Зільмінгена залишалось сільське господарство.

Незважаючи на те, що зараз кількість фермерів різко зменшилась, багато типових для села ознак збереглись: у Зільмінгені активно діють місцеві товариста, які презентуються передусім у щорічних святкуваннях «Кірхплятцфест». Сучасний культурний центр «Зонне» (сонце), де відбуваються форуми товариств та клубів з найрізноманітніших питань, має у своєму розпорядженні сцену для культурно-мистецьких заходів, в першу чергу для аматорських та концертних виступів.

*Будівництво храму св. Мартіна у Зільмінгені завершилось у 1489 році. За час свого існування костел зазнав кількаразової внутрішньої реконструкції. Верхню частину вежі у стилі барокко добудували після того, як у 1754 році старий готичний шпиль зруйнувала блискавиця.*

*Головний вхід до храму св. Мартіна 1489 року*

Ст. 29
*Вид на Зільмінген з південного сходу*

*Вид на Зільмінген, на задньому плані – краєвид Швабського Альба*

Ст. 30-31
**Зільмінген**

**«Ган»**
**Пам'ятник Єргу Гану**
**Ратуша Верхнього Зільмінгена**
**Біля церкви**
**«Зонне»**

*Гостинний двір «Ган» (півень), один з найстаріших ресторанів у Фільдерштадті, відчинив свої двері для відвідувачів у 1817 році.*

*Цей пам'ятник роботи Маркуса Вольфа є згадкою про солтиса Єрга Гана та його славетних наступників, до яких належали, зокрема, священник-винахідник Філіпп Маттеус Ган, інженер Вільгельм Майбах, поет Едуард Мьоріке, філософ Гегель та колишній федеральний президент Теодор Гойсс.*

*Ратуша Верхнього Зільмінгена зведена у стилі необароко у 1911 році. Після дванадцяти років свого функціонування, під час територіальної реформи громад 1923 року, коли об'єднались Верхній та Нижній Зільмінген, ратуша втратила своє призначення.*

Ст. 31
*Зільмінгенська церква оточена старими сільськими будинками, ліворуч – селищна комора 1534 року, де зберігалась десятина; посередині – селянська садиба близько 1590 року. Щороку на центральній площі відбувається свято «Зільмінгер Кірхплятцфест».*

*Вивіска колишнього гостинного двору «Зонне»(сонце). Сьогодні тут розмістився культурний центр громади «Зонне», збудований у 1987 році. Зараз він використовується численними товариствами та клубами для проведення культурних заходів.*

Ст. 32-33
**Зільмінген**

**Гімназія ім. Дітріха Бонгоффера**
**Юнацька автомобільна школа**
**Підприємство по переробці капусти**
**Фруктові сади**
**Святкова хода**

*Гімназія ім. Дітріха Бонгоффера в Зільмінгенському Емерлянді вирізняється своєю особливою архітектурою. Вона була збудована в 2003 році за проектом архітектурного бюро Льолє і Нойбауер з Аугсбурга.*

*Далеко за межами Фільдерштадта відомими є автомістечко та юнацька автомобільна школа, які діють при зільмінгенському клубі моторних видів спорту (MSC). Тут учні 4-х класів здобувають теоретичні знання та практичні навики правил вуличного руху, а по завершенню складають іспит на отримання посвідчення велосипедиста.*

Ст. 33
*«Ми із Зільмінгена і маємо капусту», – так колись вигукували зільмінгенські фермери, продаючи свою продукцію по всьому Вюртембергу. Мешканці сусідніх сіл жартома прозвали зільмінгенців «доорших» (по швабськи «качан»). Ще донині у Зільмінгені є фермери, котрі самі постачають городину таким великим споживачам, як супермаркети, ринки чи їдальні. Найбільше підприємство Фільдера по переробці капусти знаходиться, до речі, у Зільмінгені.*

*Численні сади фруктових дерев нагадують про те, що мешканці Зільмінгена отримали прізвисько «бурякочавильник». Кажуть, одного неврожайного року якийсь зільмінгенець вичавлюючи фруктовий сік додав до нього бурякового.*

*Чисельність фермерів поступово зменшується, та все ж характерні сільськогосподарські риси Зільмінгена не зникають. Своє відображення вони знаходять на святкуваннях та в традиційних святкових ходах.*

Ст. 34-35
**Ландшафти**

**Водосховище Штеппах**
**Ялівцевий гай Габершляй**
**Долина Бомбахталь**
**Озеро Берензеє**

Назва Фільдер походить від старої форми множини слова «фельд» (поле). Ця родюча рівнина спускається на схід, де її оточують річка Неккар і долина Айхталь. Фільдер є надзвичайно древньою місцевістю: у 1990 році біля Бернгаузена було знайдено залишки поселення часів неоліту близько 5000 років до н.е. Наступні знахідки бронзового віку, часів гальштатської, римської та алеманської культур свідчать про тисячолітню безперервну колонізацію цієї території.

Впродовж тривалого часу Фільдер вважався не лише житницею Вюртемберга, але й «коморою міста-резиденції Штутгарта».

Незважаючи на те, що у 50-х роках для житлового, промислового та транспортного господарств інтенсивно виділялись ділянки, характерною рисою Фільдера залишається сільське господарство. Це відбувається завдяки згаданим уже сприятливим природним умовам та вдалому розташуванню у штутгартському регіоні. В той же час помітною зміною стало, наприклад, значне зменшення фруктових садів. Ще до Другої світової війни місцеві села були щільно оточені плантаціями плодових дерев.

Декількаразове розширення аеропорту, спорудження виставкового комплексу, виділення нових земельних ділянок як для житла, так і нових виробничих потужностей, виникнення нових вулиць призвели до ущільнення забудови. Характерні риси колись виключно сільських місцевостей зазнали разючих змін.

Та все ж, любителі прогулянок фільдерською рівниною, передовсім у Шьонбуху, знаходять тут чималі можливості для піших подорожей, у приклад достатньо навести долину Бомбахталь, озеро Берензеє чи гору Ульберг.

*Попри близьке сусідство з аеропортом водосховище Штеппах є необхідним біотопом для різних видів птахів.*

*Особливою гордістю Бонляндена є пам'ятка природи – ялівцевий гай Габершляй. Картографи фільдерштадтської служби заповідної справи налічили тут 30 видів птахів.*

Ст. 35
*Долина Бомбахталь поблизу Бонляндена*

*Вид на Бонлянден*

*У лісі поблизу Бернгаузена в 1971 році було утворено штучну водойму Берензеє. Сьогодні це улюблене місце відпочинку і водночас екологічно важливе середовище для існування рослин і тварин.*

Ст. 36-37
**Ландшафти**

**Липа**
**Тополина алея**
**Фруктові сади**
**Сільськогосподарські ландшафти**

*Липа на вулиці Есслінгер Вег, на задньому плані – храм св. Мартіна у Зільмінгені*

*Тополина алея неподалік Бонляндена, на задньому плані – долина Ройтевізенталь*

*Фруктові сади поблизу ялівцевого гаю Габершляй*

*Ландшафти полів навколо Зільмінгена, на задньому плані – ліс Шурвальд та гори Кайзерберге*

Ст. 38-39
**Охорона довкілля**

**Фруктові сади**
**Яблучний сік**
**Сонячні батареї**
**Ялівцевий гай Габершляй**

Стрімкі зміни у Фільдері на протязі короткого часу спричинили посилене використання території, зумовлене розвитком житлового та транспортного господарств. Саме тому тема екології відіграє важливу роль. Фільдерштадт був одним з найперших міст у Баден-Вюртемберзі, де в 1985 році розпочав свою роботу відділ охорони навколишнього середовища. З 1991 року у вигляді дорадчої комісії діє рада з питань довкілля, до якої входять представники різноманітних екологічних організацій, фермери та члени місцевої ради.

Ще до середини 1940-х років численні фільдерські райони були оточені фруктовими садами, проте їх неодноразово приносили в жертву житловому та промисловому будівництву. Тепер усвідомлено важливу екологічну функцію плодових дерев, які займають 250 гектарів території Фільдерштада, зокрема, їх значення для пташиного світу, мікроклімату та розташованих поблизу відпочинкових зон. Щоб забезпечити довготривале збереження цих садів, було започатковано виробництво «Фільдерштадтського яблучного соку».

Іншим заходом є створення саду-музею при реальній школі Бонляндена, в який з усього Фільдера завозять та висаджують старі види дерев, що опинились під загрозою вимирання.

У 2008 році було засновано спеціальне об'єднання з питань захисту фруктових садів.

*Збір урожаю у фруктових садах*

*Пункт прийому урожаю для підприємства з виробництва яблучного соку*

Ст. 39
*Нині у Фільдерштадті встановлено чимало сонячних батарей, які не мають негативного впливу на навколишнє середовище. Найбільшою з них є установка на території сміттєсховища Рамсклінґе.*

*Регулярний догляд за ялівцевим гаєм Габершляй у Бонляндені здійснює місцеве товариство «Швабський Альб».*

Ст. 40-41
**Адміністрація**
**Громадські ініціативи**

**Інформаційно-вказівні знаки**
**Велосипедні тури**
**Громадські ініціативи**
**Заохочення дітей до читання**
**Допомога людям похилого віку**

З метою захисту навколишнього середовища та покращення якості житла влада Фільдерштадта намагається зменшити інтенсивність автомобільного руху. Тому гаслом пілотного проекту є «Велосипедом по Фільдерштадту». За допомогою найрізноманітніших заходів, наприклад, плакатних акцій, показових виступів велосипедистів, акцій «Неділя без авто» чи організації велосипедних турів, міська адміністрація агітує за цей екологічно чистий вид транспорту.

*Для популяризації велосипеду як виду транспорту на велосипедних маршрутах довжиною у майже 75 км встановлено інформаційні таблички та дороговкази.*

*«Велосипедом по Фільдерштадту»*

Ст. 41
З 2000 року у Фільдерштадті діє відділ з питань участі громадян у розвитку міста. Він займається стратегічним і концептуальним розвитком, реалізацією і документуванням громадських ініціатив та здійснює свою роботу під девізом «Ми – Фільдерштадт, думаймо, говорімо та працюймо разом».

Разом з молодіжним ФОРУМОМ та «ФОРУМОМ активної старості» цей відділ створив спеціальну спілку, де щорічно готують громадських консультантів. Мешканці міста, котрі бажають взяти участь у проектах різних товариств та організацій, можуть отримати необхідну інформацію у волонтерських агенціях.

Міська влада залучає громадськість до різних сфер суспільного життя, таким чином вона забезпечує участь громади в управлінських процесах.

*«Ми – Фільдерштадт» - таким є гасло громадської ініціативи*

*Проект «Допомагаємо вчитись читати»: дорослі читають дітям молодшої школи*

*Консультації для людей похилого віку на добровільних засадах*

Ст. 42-43
**Дитячі садки**
**Юнацька ферма**

**Дитячі садки**
**Ігрові майданчики**
**Тварини на юнацькій фермі**
**Дитяча гірка на юнацькій фермі**

Статистика населення свідчить: Фільдерштадт – місто молодих. Завдяки переїзду сюди передовсім молоді кількість мешканців у віці 25-45 років є значно більшою від середнього показника по федеральній землі.

Створення нових дитячих садків і покращення їх обладнання є одним з пріоритетних завдань соціальної політики міста. Маючи більш аніж 30 ясел, садків та груп продовженого дня з диференційованим графіком роботи, Фільдерштадт займає провідну позицію у Баден-Вюртемберзі.

Про дітей дбають також за межами дитсадків: 45 дитячих майданчиків упорядковано для маленьких мешканців Фільдерштадта.

*Дитячі садки, їх устаткування та ігрові майданчики сприяють всебічному розвитку дітей раннього віку.*

Ст. 43
Мешканцями юнацької ферми є: коні, кози, поні, вівці, зайці, кури, коти і морські свинки. Цей «дитячий сільський двір» виник у 1986 році на місці колишнього табору для переселенців на околиці Бонляндена.

Тут у розпорядженні дітей, окрім майданчика для будівництва хатин, вежі з рухомим містком та манежу для верхової їзди, є теж ігрові приміщення з кухнею, майстерня і кімната для ремонту велосипедів. Про дітей та підлітків піклується чимало штатних працівників, котрі також організовують різноманітні заходи.

Юнацька ферма утримується товариством, яке одержує фінансову підтримку від міської влади.

*Юнацька ферма – це не лише місце для ігор. Тут можна навчитись будувати хатинки, ремонтувати велосипед або працювати з деревом.*

*Піклування про тварин – улюблене заняття дітей*

Ст. 44-45
**Школи**

**Школа ім. Яна**
**Під час занять**
**Гімназія ім. Едуарда Шпрангера**
**Вальдорфська школа**
**Гурт «Біг Бенд»**
**Освітній центр Зеєфеллє**
**Святкова хода**

У Фільдерштадті є усі типи загальноосвітніх шкіл, де навчається майже для 5 тис. учнів: окрім трьох початкових, трьох початково-основних та спецшколи, тут також знаходяться реальні школи «Фляйнсбах» у Бернгаузені та «Освітній центр Зеєфелле» у Бонляндені. У місці перетину п'яти районів міста, на південь від Бернгаузена, розташована гімназія ім. Едуарда Шпрангера, у 2003 році в Зільмінгенському Емерлянді була збудована ще одна – ім. Дітріха Бонгоффера.

Крім цього, неподалік Бонляндена у Ґутенгальде є вальдорфська школа.

З 2006 року основна школа «Освітній центр Зеєфелле» працює цілоденно. Різні міські інституції, такі як народна вища, мистецька та музична школи, відділ охорони навколишнього середовища, молодіжний центр «Z», юнацька ферма та товариства і підприємства, дбають про широкий спектр заходів.

Учні усіх початкових шкіл Фільдерштадта мають можливість залишатись до 17-ї години у групах продовженого дня, де їм пропонують обіди.

Різноманітні шкільні акції свідчать про те, що школа – це не лише «зубрити».

Підтримуються партнерські стосунки з багатьма школами Франції, Великої Британії, Італії, США, а також українського міста-побратима Полтави. Крім цього, діє чимало музичних і театральних ансамблів, гуртків.

Ст. 45
*В Ґутенгальде поблизу Бонляндена знаходиться вальдорфська школа, в якій навчаються 460 дітей з Фільдерштадта та його околиць.*

*Гурт «Біг Бенд» школи «Фляйнсбах» у Бернгаузені вже встиг здобути популярність за межами Фільдерштадта.*

*Основна та цілоденна реальна спецшкола «Освітнього центру Зеєфеллє» у Бонляндені*

*Учні школи «Вілянд» в Зільмінгені беруть участь у святковій ході*

Ст. 46-47
**Молодь**

**Молодіжна місцева рада**
**Ігровий автомобіль**
**Заняття спортом**
**У дні літніх канікул**

Фільдерштадт був першим містом Федеративної Республіки Німеччина, яке у 1987 році запровадило прямі вибори молодіжної місцевої ради. Молодь віком від 14 до 17 років, включаючи іноземців, має активне та пасивне право вибору. Теми засідань вибираються з низки запропонованих учасниками молодіжного самоврядування. Зокрема сюди належали питання про велосипедні доріжки, приміський транспорт, можливості дозвілля молоді та проведення опитувань юнаків і дівчат. Крім цього, молодіжна рада виступає організатором подіумних дискусій, спортивних змагань, концертів, літературно-мистецьких кабаре і дискотек.

Культурний центр для дітей та молоді «Z» є відкритим закладом спілки молодіжних організацій району Есслінґен та Фільдерштадта. Бажаючі від 6 до 18 років знайдуть тут відповідні до віку численні пропозиції та матимуть можливість зустрітись з ровесниками в сучасно обладнаних приміщеннях. Окрім кафе з настільним футболом та більярдом, у центрі «Z» знаходяться різноманітні майстерні, які пропонують курси зі зварювання, шовкографії, гончарства та ремонту двоколісних транспортних засобів. Тренувати свою майстерність початківці можуть у двох репетиційних залах. Інтернет-кафе забезпечує зв'язок культурного центру «Z» з усім світом. Тут можна оформити комп'ютерне зображення власних фотографій чи виконати домашні завдання.

Штатні працівники й чимало волонтерів дбають про розмаїту програму, яка включає концерти, театри, дискотеки тощо. Також культурний центр має приміщення для святкування днів народжень та вечірок.

У дівочому клубі «Мільхгойслє» у Пляттенгардті дівчата мають нагоду поспілкуватись між собою та без юнаків зіграти, наприклад, у настільний футбол.

За консультаційною допомогою юнаки і дівчата Фільдерштадта можуть звернутись до Мобільної молодіжної служби. Соціальні працівники відвідують школи та клуби, аби налагодити контакти з молодим поколінням. Вони надають супровід та підтримку у пошуках приміщень і в організації вільного часу, допомагають долати складні життєві ситуації, зокрема, влаштуватись на роботу чи отримати навчальне місце. Кожна дільниця міста має у своєму розпорядженні приміщення для молодіжного відпочинку та дозвілля, у Бернгаузені – це «Фузо», у Бонляндені – «Югендгойслє», у Гартгаузені – «Бауваген», у Пляттенгардті – «Мільхгойслє», у Зільмінгені – «Ціркускарре».

*Засідання молодіжної ради в культурному центрі для дітей та молоді «Z»*

Ст. 47
З 1979 року міська адміністрація Фільдерштадта організовує широку програму для дітей та юнацтва на час літніх канікул, яка втілюється здебільшого товариствами, церквами, різними міськими інституціями та підприємствами. Поміж іншим ця програма охоплює проведення певних свят, творчі майстерні з різних видів мистецтва, спортивні гуртки, ігри та заміські прогулянки.
Людям похилого віку пропонуються оглядові екскурсії, піші мандрівки тощо.

Починаючи з 2004 року розмаїту програму на час шкільних канікул пропонують також культурний центр для дітей і молоді «Z» та юнацька ферма. Про дозвілля дітей дбають також різні релігійні організації та заклади освіти. Давню традицію має літній відпочинок у таборі «Бернгаузький ліс» на узліссі Шьонбуха, яким опікується протестантська громада і який відвідують діти з усього Фільдера.

*Ігровий автомобіль і цирк-шапіто під час літніх канікул*

*Тренування зі стрільба з лука, організовані дитячою спортивною школою*

*Оформлення тканини способом «батик» в рамках програми відпочинку на літніх канікулах*

Ст. 48-49
**Спорт**

**Семиборство серед жінок**
**Футбол**
**Дзюдо**
**Волейбол**
**Лісовий марафон школярів**
**Закритий басейн Ґартенгаллєнбад у Бернгаузені**

Стадіон «Фляйнсбах» у Бернгаузені відомий в професійних колах країни, а також за її межами завдяки стрімкій популяризації багатоборств. Тут були досягнуті європейські й світові рекорди у десяти- та семиборстві. Все більшого авторитету набувають міжнародні зустрічі юніорів з легкої атлетики, зростає кількість бажаючих взяти у них участь.

Стадіон «Фляйнсбах» та всі інші спортивні споруди знаходяться у розпорядженні надзвичайно активних спортивних товариств й клубів, які підготували цілу плеяду професійних спортсменів.
Поміж інших слід виділити спортивний клуб Бонляндена, футбольна команда якого вже неодноразово виходила у вищу лігу.

Всі ці успіхи були б неможливими, якби спортсменам-любителям та професіоналам не було надано відповідної спортивної бази: 18 гімнастичних та спортивних залів, серед них три тридільних і один чотиридільний, 12 міських спортивних майданчиків та 6 полів з тартановим покриттям з дня у день використовуються шанувальниками спорту.

У Фільдерштадті також відбуваються виступи професійних спортсменів. Вершиною спортивних подій вважаються травневі турніри у Пляттенгардті та Бонляндені, жовтневі напівмарафони у Бернгаузені, а також липневі «Велосипедні критерії» на кубок LBS – федеральної будівельної ощадної каси у Пляттенгардті. І наостанок, у аквапарку «Фільдорадо» проводяться першості Вюртембергу й навіть Німеччини з пляжного волейболу.

Для створення оптимальних умов як для масового, так і професійного спорту, у 1992 році було зареєстровано спортивну спілку Фільдерштадта, до якої увійшли сім спортивних та велосипедних клубів п'яти районів міста.

Дитяча спортивна школа (KISS), створена спортивною спілкою Фільдерштадта, пропонує дітям з цілого міста віком від 4 до 10 років не лише різноманітні секції під керівництвом досвідчених педагогів, але й тренування, що поєднують одразу декілька видів спорту.
У багатьох дільницях міста любителів плавання запрошують басейни, які також інтенсивно використовуються товариствами і в яких проводяться шкільні уроки плавання.

*Щороку на стадіоні Бернгаузена відбуваються міжнародні змагання з легкоатлетичних багатоборств*

Ст. 50-51
**«Фільдорадо»**

**Закритий басейн**
**Сауна**
**Архітектура**
**Закритий басейн зі штучними хвилями**
**Басейн під відкритим небом**

У 1978 році був відкритий один з найперших аквапарків на півдні Німеччини «Фільдорадо». Повністю реконструйований у 2006 році, сьогодні цей комплекс вражає своєю архітектурою і атракціонами та пропонує найрізноманітніші варіанти водного відпочинку.

Центральну частину утворюють басейн зі штучними хвилями, спортивний, термальний під відкритим небом з температурою 35° С, атракціон «Бурхливий потік» та дві гірки довжиною у понад 100 м, одна з яких – «Чорна діра». Особливою популярністю користується гірка-трамплін.

Територію у 5 тис. квадратних метрів займає комплекс, що складається з дев'яти саун, приміщення для кольоротерапії й комфортних кімнат відпочинку. Третя зона – це фітнес-клуб, в якому поряд з тренуваннями на силових та кардіотренажерах можна скористатись індивідуальною програмою занять під наглядом інструктора.

Влітку «Фільдорадо» запрошує до відкритого басейну, оточеного великими пляжами, а також до місць відпочинку та розваг, зокрема, на майданчик для пляжного волейболу, де регулярно відбуваються чемпіонати.

*Закритий басейн, ліворуч - атракціон «Бурхливий потік» і гірка-трамплін*

*Комплекс саун, площею у 5 тис. квадратних метрів*

Ст. 51
*Гідним подиву є архітектурне вирішення аквапарку «Фільдорадо», запропоноване архітекторами бюро Кауффманн Тайліг та партнери з Остфільдерн*

*Басейн зі штучними хвилями – особлива атракція для дітей і дорослих*

*Басейн під відкритим небом, оточений майданчиками для активного і пасивного відпочинку*

Ст. 52-53
**Освіта для дорослих**
**Міська бібліотека**

**Сімейний освітній центр**
**Тренування в народній школі: балансування на тросі**
**Курс в народній школі: урок німецької мови**
**Медійна педагогіка**

Здобути додаткову освіту дорослі мешканці Фільдерштадта можуть у двох закладах: народній вищій школі (VHS) та сімейному освітньому центрі. Робота народної школи для дорослих розпочалась у 1960-х та здійснювалась на добровільних засадах. У 1987 році для керівництва школи була введена штатна одиниця, а з 1993 року цей заклад став комунальним.

Сімейний освітній центр був заснований у Бернгаузені в 1973 році на базі «Гуртка освіти та дозвілля».

Народна вища школа, що знаходиться у Пляттенгардті в приміщенні навчального закладу ім. Едуарда Мьоріке, є не лише місцем, де здобувають знання й проводять громадські форуми з найрізноманітнішими проектами та заходами, але й територією для зустрічей і дискусій, а також культурним та оздоровчим центром. Вона допомагає отримати базову компетенцію, оволодіти необхідними знаннями, навичками і майстерністю. Таким чином, народна школа для дорослих підвищує рівень можливостей у фаховій діяльності та сприяє професійній мобільності. Щорічно тут пропонується майже 1450 різних курсів, а кількість заявок сягає 18 тис.
Іншою ланкою освіти для дорослих є сімейний освітній центр, що міститься у бонлянденському Старому млині. Згідно з концепцією його основна формула – «Пізнати сім'ю». Відтак основними тематичними напрямами є охорона здоров'я, підготовка до пологів, проблеми виховання, але також теми праці, житла й довкілля.

*«Догляд за немовлятами» – один з численних курсів, які пропонує сімейний освітній центр*

*Секція «Балансування на тросі»: тренування просто неба*

*Курс німецької мови для іноземців*

Ст. 53
Попри зростання популярності серед населення електронних мультимедійних засобів міська бібліотека продовжує користуватись, зокрема серед юнацтва та молоді, широким визнанням. У центральній бібліотеці Бернгаузена та чотирьох районних філіалах, робота в яких здійснюється на доброчинних засадах, можна скористатись майже 73 тис. книг, позичити компакт-диски, відео, ігри та журнали. Вона надає широкий спектр засобів масової інформації для роботи, освіти, повсякденного життя чи дозвілля. У співпраці зі школами було реалізовано проект заохочення учнів до читання. Медіапедагог, який працює у бібліотеці, організовує разом з дітьми книжкові клуби, сценічні читання або театральні постановки. Раз у рік тут відбувається шкільний день літератури, в рамках якого учні мають нагоду зустрітись з письменниками.

*Заохочення до читання та медійна педагогіка відіграють у житті школярів особливу роль*

*Відомий автор дитячої та юнацької літератури Пауль Маар, колишній вчитель гімназії ім. Едуарда Шпрангера, на авторському вечорі у бібліотеці*

*В пошуках інформації відвідувачі бібліотеки окрім книжок можуть скористатись інтернетом*

Ст. 54-55
**Фільдерська клініка**

**Головний вхід після реконструкції**
**Вид на клініку з півдня**
**Пологове відділення**
**Авіаційна рятувальна служба**

Після кількаразового розширення клініка, створена у 1975 році, стала сучасним широкопрофільним медичним центром, в якому також надається невідкладна допомога.

Тут працюють відділи анестезії, терапії, педіатрії, психосоматики та центр інтегративної онкології. Діагностична терапія відповідає найсучаснішим стандартам медицини. Крім цього клініка пропонує пацієнтам лікування на засадах антропософської медицини.

Фільдерська клініка є регіональним медичним центром, проте сюди звертаються не лише пацієнти з прилеглого регіону, але й з цілої Німеччини та з-за кордону. Знаходячись поблизу штутгарського аеропорту та виставкового комплексу, вона служить пунктом швидкої допомоги для цих закладів.

До антропософських методів лікування належать терапевтичне малювання, креслення і моделювання, а також мовна етика, терапія музикою та лікувальна евритмія. Поруч з цими видами арт-терапії застосовуються різні спеціальні процедури та антропософські ліки.

Слід відзначити також культурну програму фільдерської клініки. Тут регулярно відбуваються концерти камерної музики, які задовільняють найвибагливіших слухачів.

З 1979 року по сусідству з фільдерською клінікою з'явився пункт швидкої допомоги Німецького Червоного Хреста.

*Головний вхід після реконструкції*

*Приймальне відділення клініки наповнене світлом, яке проходить крізь скляний дах будівлі*

Ст. 55
*Вид з півдня: фільдерська клініка та гуртожиток для медпрацівників*

*У фільдерській клініці щороку народжуються 2 тис. немовлят. Одним з основних профілів клініки є акушерство та гінекологія.*

*Для екстренних випадків обладнано вертолітний майданчик*

Ст. 56-57
**Люди похилого віку**

**Громадський центр «Будинок на Фляйнсбах»**
**Відвідувачі**
**Притулок св. Вінсента**
**Післяобідні зустрічі людей похилого віку**

Близько 20 відсотків населення Фільдерштадта переступило 60-річний рубіж. Тому співпрацюючи з волонтерами, адміністрація міста дбає про організацію дозвілля пенсіонерів.

В міських районах активно діють так звані клуби сеньйорів та центри зустрічей і зборів. Вони пропонують різнобічну розважальну програму: народні танці, проведення післяобіднього часу у кафе, за іграми або майструванням, піші мандрівки, велосипедні тури. Улюбленим заходом є влаштування відкритих обідніх столів в усіх дільницях міста.

При необхідності стороннього догляду чи у разі хвороби у Фільдерштадті створено різноманітні допоміжні пункти, а також інформаційне, підготовче й посередницьке бюро (IAV) для координування та консультацій, яке підпорядковане міській адміністрації.

Основним закладом для людей похилого віку є модерний громадський центр «Будинок на Фляйнсбах» у Бернгаузені. Одночасно тут може перебувати 80 осіб, які потребують догляду; додатково створено денне відділення на 12 місць, можливим є і короткочасний догляд терміном до шести тижнів. Будинок має актовий зал, сучасне кафе, а також приміщення для терапевтичних заходів, наприклад, для лікувально-оздоровчих та реабілітаційних процедур. Останнім часом послугами денного відділення користується дедалі більше осіб. Мета закладу – подолати соціальну ізоляцію літніх людей та зменшити навантаження на рідних і близьких, котрі здійснюють постійний догляд.

*Зустріч в «Будинку на Фляйнсбах»*

Ст. 57
*Посеред зелені лісу над долиною Зібенмюленталь біля Пляттенгардта розмістився геронтологічно-психіатричний притулок св. Вінсента, який утримується харитативною спілкою. Половина з 279 пацієнтів цього закладу є мешканцями регіону, решта – округу Есслінген.*

*Раз у рік міська адміністрація Фільдерштадта організовує різнобічну розважальну програму «Післяобідні зустрічі для людей похилого віку»*

Ст. 58-59
**Рівноправність жінок та чоловіків**
**Інтеграція**

**Нові професії для юнаків**
**Нові професії для дівчат**
**Міжкультурне сімейне свято**
**Міжнародна гра «Французький більярд»**
**Мистецька акція**
**Турецький танцювальний гурт**

З 1988 року відділ гендерної рівності турбується про забезпечення рівних прав та можливостей для жінок і чоловіків, дівчат і юнаків. Серед численних заходів слід виділити наступні пріоритети.

Організація кваліфікованого догляду за дітьми з використанням нових концепцій. З 2008 року у початкових школах Фільдерштадта запроваджено групи продовженого дня до 17-ї години.

Заохочення та змістовна підготовка жінок до активнішої участі у комунальній політиці. Вже з 1991 року у Фільдерштадті діє рада жінок.

У 2000 році після багаторічих дебатів у Фільдері було відкрито так званий жіночий будинок, де знаходять притулок ті, хто зазнав насильства в сім'ї.

Також постійним завданням відділу гендерної рівності є повторне залучення жінок до професійної діяльності, перерваної через відпустку по догляду за дитиною.

З 2002 року відділ допомагає в організації «Дівочого дня», під час якого учасниці ознайомлюються з професіями, які не вважаються «суто жіночими». Уже декілька років поспіль в такі дні дізнатись про незвичну«чоловічу» працю можуть і юнаки.

До 2006 року відділ гендерної рівності називався відділом у справах жінок.

*Екскурсія для юнаків по «виключно жіночій території» – в пологовому відділені фільдерської клініки*

*Дівчата ознайомлюються із класичними «чоловічими» професіями*

Ст. 59
У Фільдерштадті проживає понад 6 тис. іноземних громадян, основна частина яких – вихідці з Туреччини, Італії, Греції, Сербії, Чорногорії та Хорватії. Національне розмаїття Фільдерштадта є його шансом, але водночас і викликом. З 2004 року тут відбувається відкритий форум міжкультурної взаємодії. У 2007 році було створено відділ з питань міжкультурного порозуміння та інтеграції, який займається налагодженням міжнаціонального діалогу, розробкою концепції інтеграції іноземців, відкриттям освітніх закладів, адмініструванням та економікою.

*Міжкультурне сімейне свято в міському спортзалі Бернгаузена*

*«Французький більярд» для усіх бажаючих в павільйоні Вайлєргау*

*Мистецька акція для місцевих та іноземних школярів у рамках світового чемпіонату з футболу*

*Турецький танцювальний гурт на «Ринку можливостей»*

Ст. 60-61
**Міський архів / Краєзнавчий музей**

**Публікації**
**Історична пішохідна мандрівка**
**Міський архів**
**Розкопки на місці концентраційного табору**
**Архітектурні дослідження**
**Краєзнавчий музей**
**Концерт камерної музики творів Вагнера**
**Майстерня по виготовленню щіток**
**Вежа Ульбергтурм**

У центральних частинах кожного району міста ще можна віднайти різноманітні сліди минулого, навіть якщо через інтенсивну забудову чимало що втрачається.

Для того, аби підняти роль місцевої культурної спадщини у суспільній свідомості, створено туристичний маршрут, який проходить через усі дільниці міста. 80 меморіальних таблиць вказують на будівлі й площі місцевого історичного значення, а також на археологічні пам'ятки і старі криниці.

У «Фільдерштадтських наукових записках» періодично публікуються нові дослідження з історії районів міста. Таким чином інформація стає доступною для громадськості.

З 1984 року у Фільдерштадті працює міський архів. Він розмістився у Верхньому Зільмінгені в готичній каплиці 1526 року. Тут зберігаються архівні документи усіх п'яти районів, з якими можуть ознайомитись дослідники місцевої історії та зацікавлені особи. Найдавніший документ – Пляттенгардтська грамота – датується 1483 роком.

*Публікації на тему історії міста*

*Пішохідна мандрівка охоплює 75 історичних місць*

*Вшанування пам'яті жертв концентраційного табору Ехтердінген за участі колишнього в'язня*

*Готична каплиця Маргаретен – місцезнаходження фільдерштадтського міського архіву*
*Знайомство з пам'ятками архітектури Бонляндена в День відкритої історії*

Ст. 61
Упродовж кількох десятиліть мешканець Бонляндена Ґоттльоб Гойсслер створював етнографічну колекцію. З 1985 року вона зберігається у колишній ратуші (1563 рік) громади Бонляндена, а з 1988 року носить ім'я засновника. Краєзнавчий музей ім. Ґоттльоба Гойсслера – це музей селянського побуту, який поєднує і відтворює найрізноманітніші сторони сільського життя.

Експозиція музею займає нині чотири поверхи та ілюструє історію побуту у Фільдері, до якого належать так званий «магазин тітки Емми», атрибути сільського і лісового господарств, промислів місцевого населення, старовинні предмети домашнього ужитку, дитячі речі та багато іншого. Аби підтримувати зацікавленність до музею, тричі на рік в ньому проводять спеціалізовані виставки, присвячені місцевій історії і загальнокультурним надбанням.

*Краєзнавчий музей ім. Ґоттльоба Гойсслера у старій ратуші Бонляндена*
*Презентація надзвичайно рідкісного інструменту фірми Вагнер у приміщенні музею*

*Типова для Бонляндена майстерня по виготовленню щіток*

*Модель збудованої в 1903 році вежі Ульбергтурм. Виконана членами товариств з підготовки та проведення святкової ходи*

Ст. 62-63
**Традиції / Кінний ринок**

**Кінний ринок, 30-ті роки**
**Місцева молодь і фільдерська шпичаста капуста**
**Травневе дерево**
**Показ знаряддя для верхової їзди на кінному ринку**
**Вручення нагород**
**Екскурсія по ринку**

П'ять громад, які об'єднались у Фільдерштадт, належали колись до центру Вюртемберга і мали яскраво виражені риси пієтизму. Прагматичне протестантське світобачення спричинило забуття, а часом і втрату багатовікових традицій.

Фільдерська шпичаста капуста «Brassica oleracea sphaerica pyramidalis», яка вже у XIX столітті вирощувалась на місцевих полях у великих обсягах та стала своєрідною емблемою території, започаткувала нову традицію. Зокрема цьому посприяли фермери з Бернгаузена та Зільмінгена, котрі продаючи капусту в Ульмі і навіть ще південніше, прославили її по усьому Вюртембергзі.

Впродовж останніх років у Фільдерштадті спостерігається відродження різних давніх традицій, що є великою заслугою, зокрема, й місцевих товариств. Досить назвати лише свята «Баккгаусфесте» у Пляттенгардті та Зільмінгені, встановлення травневих дерев на свято Трійці у Пляттенгардті та

Бонляндені, а також інші районні урочистості, які організовуються об'єднанням товариств.

Далеко за межами Фільдера славиться кінний ринок Бернгаузена. На час його заснування у 1922 році центральне місце в економіці займало сільське господарство. З механізацією сільськогосподарського виробництва у 1960-х роках кінний ринок поступово перетворився на місце зустрічі шанувальників верхової їзди.

У всіх п'яти дільницях міста проводяться тепер весняні та осінні ярмарки. Перші торги, де можна було придбати усілякий крам, відбулись 1872 року у Бернгаузені.

*Вручення нагород переможцям на кінному ринку в 30-ті роки минулого століття*

*Дотримання традицій товариствами: святкова хода. Нагадування про продаж шпичастої капусти та встановлення традиційного травневого дерева (на фото – у Пляттенгардті)*

Ст. 63
*Одним із найцікавіших моментів кінного ринку є демонстрація знаряддя для верхової їзди на святковій площі в Бернгаузені*

*Вручення нагород*

*Показові виступи на манежі в Зільмінгенському Емерлянді*

Ст. 64-65
**Товариства**

**Волонтери**
**Музичні спілки**
**Товариство Червоного Хреста**
**Хорові колективи**

Життя районних товариств й клубів Фільдерштадта завжди було надзвичайно активним і різноманітним. До територіальної реформи 1975 року налічувалось 150 товариств. Побоювання, що об'єднання громад негативно вплине на діяльність цих закладів чи призведе до їх розпуску, на щастя, не справдились. Навпаки: сьогодні у Фільдерштадті у сфері спорту, культури та дозвілля працює понад 250 організацій, які відповідають всебічним смакам – починаючи від акваріумістів до поціновувачів залізничного моделізму.

Однак конкуренцію їм складають комерційні структури дозвілля і сучасні медіа. Не надто сприятливими чинниками, значення яких не можна недооцінювати в житті товариств, є також зростаюча мобільність та індивідуалізація суспільства. Та все ж, фільдерштадтським спілкам вдається гідно протистояти викликам. Очевидно, причиною цього є те, що товариства, осередки яких існують у всіх районах міста, проводять численні заходи, які дозволяють як корінним, так і новоприбулим мешканцям знаходити форми самовираження, котрі користуються успіхом у кожного. Це і різноманітні урочистості, і вуличні свята, такі як «Беренфест» у Бернгаузені, «Зайфешт» у Бонляндені, «Марктплятцфест» у Гартгаузені, «Штрассенфест» у Пляттенгардті та «Кірхплятцфест» у Зільмінгені.

Надаючи у розпорядження товариств кімнати, зали, площі і т.і., міська влада сприяє розквіту їх діяльності, зокрема вихованню підростаючого покоління.

*Мешканці Фільдерштадта, які на доброчинних засадах працюють у різних товариствах та організаціях*

Ст. 65
*Музичні спілки чотирьох дільниць міста сприяють розвитку культурного життя та вихованню молоді*

*Донорська акція Товариства Червоного Хреста*

*В усіх п'яти міських дільницях активно діють хорові колективи*

Ст. 66-67
**Товариства**

**«Фаснет»**
**Городи та фруктові сади**
**Пожежна служба**
**Мотоспортивний клуб**
**Місцева молодь**
**Вирощування домашніх тварин**
**Крамниця «Один світ»**

*В останні роки значно збільшилась кількість активних спілок, які беруть участь у масових святкуваннях під час карнавалу «Фаснет». На фото - традиційне захоплення ратуші*

*Презентація давильного пресу спілкою садівників під час свядкової ходи*

*В кожній дільниці міста є добровільні пожежні дружини. На знімку – тренування пожежників в аквапарку «Фільдорадо»*

Ст. 67
*Великою популярністю користується раллі старовинних автомобілів, які організовує клуб моторних видів спорту Зільмінгена*

*Святково прикрашений автомобіль одного з товариств з вирощування домашніх тварин*

*Крамниця «Один світ» у Бернгаузені*

Ст. 68-69
**Музика / Музична школа**

**«Фліппменс»**
**Хорові колективи**
**Оркестр камерної музики**
**Музична школа – гра на духових інструментах**
**Музична школа – гра на струнно-смичкових інструментах**
**Музична школа – дитячий хор**
**Міжнародний оркестр**

У Фільдерштадті панує жваве музичне життя. Шанувальників класичної музики запрошує «ФІЛгармонія» з чудовим залом, де відбуваються концерти класичної музики або музичного театру, на які можна придбати абонемент. Цікаву культурну програму пропонують фільдерська клініка та вальдорфська школа («Культурне життя в Ґутенгальде»).

Важливу роль у музичному житті міста відіграють товариства, котрі влаштовують для громадськості численні виступи. Вони мають давню традицію, адже початки співочих клубів сягають XIX століття. Найдавнішим вважається співочий гурток Бонляндена, утворений у 1867 році.

Слід також відзначити районні музичні товариства та оркестри акордеоністів у Зільмінгені і Бонляндені.

Невід'ємною складовою музичного життя є церква. У кожній дільниці міста діють церковні хори та ансамблі тромбоністів, які виступають перед громадськістю з концертами духовної музики. Також у Фільдерштадті започатковано нову традицію – «Літо органної музики».

Свій внесок у музичну культуру нашого міста роблять шкільні колективи художньої самодіяльності, як наприклад, група «Біг Бенд» реальної школи у Бонляндені, шкільний оркестр гімназії ім. Едуарда Шпрангера.

Класичним є фільдерштадтський камерний оркестр, який виступає не лише у «ФІЛгармонії», але й у незвичних місцях, як приміром, у фермерському господарстві з вирощування біологічно чистих овочів.

Звичайно, у Фільдерштадті існують й інші музичні гурти, такі як легендарні «Фліппменс», що виник у 1983 році, чи бенд «Гальбе Ге».

*Ювілейний концерт гурту «Фліпменс» у Бонляндені*

*Об'єднаний хор співочих товариств Фільдерштадта*

*Виступ камерного оркестру в приміщенні «ФІЛгармонії»*

Ст. 69
Титанічну роботу провадить міська музична школа. Пропонуючи групові заняття для дітей раннього віку, індивідуальні на будь-якому музичному інструменті чи уроки вокалу, вона притягує не лише широкі кола громадськості, але й готує фахівців.

Численні ансамблі та оркестри музичної школи сприяють тому, що музичні товариства Фільдерштадта виховують чимало молодих шанувальників музики. Завдяки школі стали можливими проведення різноманітних постановок дитячих опер, балетних спектаклів, оркестрових та сольних виступів чи концертів камерної музики. Часті гастролі як країною, так і за її межі зміцнюють добру славу цього закладу. Святкування, що організовуються музичною школою, та численні виступи на різних міських заходах стали звичною практикою. Плідною є також і музична співпраця з містами-побратимами.

Близько 1200 учнів навчаються у музичній школі, а 50 вчителів дбають про їх якісну освіту. Щороку вихованці цього закладу здобувають нагороди у конкурсі «Молоді музиканти» на земельному та федеральному рівнях.

*Міжкультурний ансамбль за участю вихідців з Греції, Туреччини та Німеччини*

Ст. 70-71
**Образотворче мистецтво / Школа мистецтв**

**Скульптура Брадлера**
**Галерея «Домбергер»**
**Міська галерея**
**Скульптура Діденгофена**
**Скульптура Розалі**
**Школа мистецтв: кузня**
**Школа мистецтв: під час літніх канікул**
**Графіка**
**Школа мистецтв: майстерня по обробці дерева**

З 1986 року у громадському центрі Бернгаузена розмістилась міська галерея. За дорученням муніципалітету фільдерська спілка митців регулярно організовує тут виставки, які набули міжрегіонального значення. Зареєстроване у 1982 році мистецьке товариство Фільдера періодично проводить виставки у фойє центру «Ульберггалле» Бонляндена. Окремої похвали заслуговує насамперед презентація творів митців з усього регіону.

Ще однією формою сприяння розвитку мистецтва є творча майстерня у Пляттенгардті. За помірну ціну фільдерштадтські митці мають можливість колективно утримувати тут власну студію. Бажаючі прикрасити свою оселю авторською роботою можуть позичати у міській «артотеці» твори, які прийшлись до вподоби.

Впродовж останніх років мистецькі проекти охоплюють щораз більший публічний простір. Слід відзначити скульптурну композицію Роберта Шада «Фільдершпіль», встановлену на станції міської залізниці, та роботу митця Розалії «Регенбоген» перед приміщенням «ФІЛгармонії».

*Скульптура «САПРІ» Альфреда Брадлера на острівці перехрестя в промисловому районі Бонляндена*

*Зібрання творів в галереї «Домбергер»*

*Дискусія з митцями в міській галереї*

*Скульптура «Діалог» Діденгофена у приміщенні «ФІЛгармонії»*

*Скульптурна група «Регенбоген» митця Розалії перед будинком «ФІЛгармонії»*

Ст. 71
З 1989 року у Фільдерштадті діє міська школа мистецтв, яка пропонує дітям та дорослим найрізноманітніші види образотворчої діяльності, як наприклад, живопис, графіка, скульптура, кераміка, фотографія, а також заняття у танцювальному та театральному гуртках. Регулярні виставки і арт-оформлення публічних місць у кооперації з дитячими садками, школами та різними підприємствами торгівлі і сектору послуг викликають зацікавленість за межами Фільдерштадта та свідчать про зв'язок школи мистецтв з громадою. Мистецький заклад знаходиться у приміщенні школи ім. Шіллера в Пляттенгардті, він співпрацює з народною вищою школою.

*Урок образотворчого мистецтва в колишній кузні Бонляндена*

*Значної популярності набувають курси образотворчого мистецтва, які пропонуються під час літніх канікул. На фотографії – урочисте відкриття програми літнього дозвілля*

*Учасниці курсу по обробці дерева в майстерні*

Ст. 72-73
**Тижні культури / Театр**

**Історичний ринок**
**Вид на Альб**
**Пішохідна екскурсія «Слідами Мьоріке»**
**«Погляд на Альб»**
**«Фільдербюне»**
**«ді ойлєн»**

Характерною рисою міського культурного життя стали акції «Тижні культури Фільдерштадта», які організуються кожних два або три роки. Центральною фігурою цього заходу є письменник, який виступає на одну з суспільно-політичних тем. Програма культурних тижнів, яка робить основний акцент на літературній творчості, охоплює театральні постановки, літературно-мистецькі кабаре, зустрічі із читачами, лекції та виставки. Особливий резонанс в останні роки викликали тема «Зміна місця» (2001 рік), ювілей Мьоріке (2004 рік), літературний «Погляд на Альб». Важливе місце в програмі «Тижнів культури Фільдерштадта» займають також авторські читання творів, приурочених цій події, які, як правило, влаштовують просто неба.

3 - 4 рази на рік відбувається «Салон 43» – кооператційний проект різних культурних товариств міста, у рамках якого проходять зустрічі із читачами, концерти театру мініатюр, вокальні виступи та виставки. Місцями проведення цих заходів є народна вища школа, краєзнавчий музей або зал ім. Альфонса Фюгеля.

Органічним доповненням до програми тижнів культури є музичні заходи «Рокмедіа», які організуються спілкою «Друзі мистецтва та музики» з нагоди річниць існування музичних течій, наприклад, «50 років рок-н-ролу», «40 років рок- та поп-музики» або які присвячені культурі 50-х років.

*На історичному ринку у Пляттенгардті з нагоди ювілею Мьоріке учні початкових класів вправляються в писанні пером готичним шрифтом*

*Сценічні читання біля вежі Ульбергтурм під час тижня культури «Погляд на Альб»*

*Літературними слідами Мьоріке в центрі дільниці Пляттенгардт*

Ст. 73
Широкого визнання у Фільдерштадті набули два аматорські театральні гуртки, які дарують глядачам кожного року щонайменше одну прем'єру. Своєю появою у 1977 році колектив «Фільдербюне» (Фільдерська сцена) завдячує ініціативі сімейного освітнього центру. З маленького гуртка він виріс у великий аматорський театр. Діяльність театрального колективу це не лише акторська гра, але й проектування та спорудження декорацій, виготовлення костюмів і багато іншого. У репертуарі «Фільдербюне» комедії, фарси, казки та детективи.

Ще одним аматорським колективом є «ді ойлєн» (сови), який був створений у 1979 році. Театр розмістився неподалік від «Фільдербюне» у пляттенгардтському павільйоні Вайлєргау. «ді ойлєн» здобув популярність завдяки дитячим виставам за творами Міхаеля Енде та Пауля Марра. Як член клубу за інтересами «Література» та співорганізатор «Тижнів культури Фільдерштадта» цей колектив мав уже в своєму репертуарі «Матусю Кураж» Брехта та «Фізиків» Дюрренматта.

*«Фільдербюне»: «Красуня та чудовисько»*

*Театральний колектив «ді ойлєн»: «Кентервільський привид»*

Ст. 74-75
**«ФІЛгармонія»**

**Концерт поп-музики**
**«ФІЛгармонія»**
**Акції**
**Виставки**
**Конференції**
**Семінари**

Відкритий у 1994 році комплекс «Культурний & конгрес-центр ФІЛгармонія», який щорічно приймає понад 120 тис. відвідувачів, є місцем культурного життя та зустрічей у Фільдерштадті.

За короткий період часу «ФІЛгармонія» здобула широке визнання як культурний осередок та центр проведення конференцій й конгресів у цілому штутгартському регіоні.

Завдяки вдалому розташуванню поблизу аеропорту та автостради «ФІЛгармонія», в якій щороку відбувається понад 600 заходів, набула міжрегіонального значення та використовується для зустрічей економістів й політиків.

*Популярні виконавці залюбки виступають на великій сцені «ФІЛгармонії»*

*Скульптурна група «Регенбоген» (2004 р.) митця Розалії перед приміщенням «ФІЛгармонії»*

Ст. 75
Вже після кількарічної діяльності «ФІЛгармонія», приміщення та конференц-зали якої оснащені найсучаснішим технічним обладнанням, стала чудовим місцем для проведення конгресів, конференцій та семінарів.

Представники різних галузей індустрії, наприклад комп'ютерні, будівельні та автомобільні фірми, виробники електропроприладів і кухонь, а також дизайнери офісних приміщень, презентують свою продукцію та досягення на виставках-ярмарках у «ФІЛгармонії».

Багато громадян орендує приміщення «ФІЛгармонії» для проведення приватних святкувань, кулінарне забезпечення яких якнайкраще здійснює ресторан «Кулíссе».

*Виставкова акція за участю генерального директора концерну Даймлер АГ Дітера Цетче*

*Спілкування – одна з основних цілей виставок*

*Конференції супроводжуються спеціалізованими виставками*

*Дискусії на фахові теми під час семінарів*

Ст. 76-77
**«ФІЛгармонія»**

**Мюзикл**
**Концерт рок-музики**
**Балет**
**Комедії**
**Музичний театр**
**Смичковий квартет**
**Вечір фортепіанної музики**
**Театр**

«ФІЛгармонія» пропонує різні абонементи на відвідування постановок музичного, класичного і двох дитячих театрів.

У концертах «ФІЛгармонії» брали участь міжнародні зірки класичної, рок- та поп-музики.

Тижневі акції, літературно-мистецькі кабаре, виставки та сценічні читання засвідчують про багатогранну програму «ФІЛгармонії».

Фільдерштадтські товариства й клуби використовують її приміщення для своїх концертів, балів, ювілеїв і т.д.

Ст. 78-79
**Економіка**

**Промисловий район Бернгаузена**
**Центр авіаперевезень вантажів**
**«Модіне»**
**Виробнича лінія**

Сьогодні Фільдер є одим з найпопулярніших місць у штутгартському регіоні для розміщення нових виробництв. Сприятливими чинниками виступають насамперед розташовані неподалік автострада А8, федеральна дорога В27 та аеропорт. Віддати належне слід також сусідству з університетами у Штутгарт-Файгінгені та Штутгарт-Гогенгаймі.

Економіка Фільдерштадта характеризується різними галузями та середнім підприємництвом. Поміж іншими до пріоритетних напрямів належать: машинобудування, комп'ютерні технології, електротехніка, поліграфія та будівельна сфера. Попри те, що промисловість зосереджена здебільшого у Бернгаузені та Бонляндені, виробничі підприємства не концентруються виключно у цих двох районах.

Реалізуючи структурну політику щодо програми розвитку промисловості, міська влада намагається зберегти наявні робочі місця та створити нові шляхом відведення земельних ділянок для промислових забудов, комерційних підприємств та сектора послуг. Промислові ділянки виділяють перш за все в місцях, які мають найзручніший доступ до мережі автомобільних шляхів.

Водночас муніципалітет стежить за тим, щоб нові робочі місця з урахуванням кваліфікаційних вимог забезпечували багатопланове функціонування та створювали умови для оптимального поєднання галузевих інтересів.

Ще одним плановим завданням є ощадливе використання земель. З огляду на обмежені територіальні ресурси Фільдера місцева влада зацікавлена у будівництві підприємств, які займають якнайменшу площу.

*Промисловий район Бернгаузена і центр авіаперевезень вантажів*

Ст. 79
*Центр авіаперевезень вантажів в південній частині аеропорту*

*Адміністративний та дослідницькиц центр фірми «Модіне» - міжнародного постачальника підприємств автомобільної промисловості*

*Сучасна виробнича лінія фірми «Герма»*

Ст. 80-81
**Ринок праці / Гастрономія**

**Авіадиспетчерська служба**
**Будівельна справа**
**Електротехніка**
**Ресторани**
**Гастрономія**

У Фільдерштадті створено понад 16 тис. робочих місць. Економічний розвиток за останні десятиліття демонструє загальні структурні зміни, спрямовані на розширення сфери послуг: якщо у 50-х та 60-х роках розташовані тут підприємства займались в основному випуском продукції, то нині лише 28 відсотків усіх працівників зайняті на виробництві, а 72 – у секторі послуг.

Щоденно на роботу у Фільдерштадт доїжджає близько 8 тис. чоловік, зате кількість мешканців, котра працює за його межами становить майже 13,5 тис.

*Вежа авіадиспетчерської служби на околиці Бернгаузена*

*Монтажні роботи по встановленню готових залізобетонних конструкцій для одного з заводських цехів*

*Виготовлення вікон в столярній майстерні*

*Монтаж електронних компонентів*

Ст. 81
Фільдерштадт кулінарний. Майже 70 підприємств громадського харчування запрошують скуштувати їхні страви та напої. Відвідати ресторан національної кухні, спробувати заморські найдки або відпочити в оповитому зеленню пивному саді – кожен знайде щось до вподоби.

Для іноземних та вітчизняних гостей Фільдерштадт пропонує широкий вибір готелів. Щороку їх послугами користується понад 100 тис. чоловік.

Ст. 82-83
**Послуги / Ремісництво**

**Банк**
**Продуктовий магазин**
**Книгарня**
**Крамниця вин**
**Палітурня**
**Каменярня**
**Столярня**
**Встановлення будівельних риштувань**
**Пекарня**

Центральні частини міських районів характеризуються передусім численними підприємствами роздрібної торгівлі та сектору послуг, що пропонують широкий та якісний асортимент товарів, а також підсилюють популярність та привабливість цих дільниць.

Місцеві торгові і ремісничі товариства регулярно проводять у кожному районі ярмарки й демонстрації своїх здобутків, аби привернути увагу до ремісництва та торгівлі, і разом з тим заохотити до купівлі місцевої продукції.

Ст. 83
Важливим чинником в економічному житті Фільдерштадта є ремісництво. У місті налічується понад 500 ремісничих майстерень, більшу частину яких складають сімейні фірми.

Будівельна галузь Фільдера має давню традицію: вже на початку XX століття найбільшою групою ремісників були саме майстри-будівельники, багато з котрих працювало у Штутгарті за наймом.

Ст. 84-85
**Транспортний рух**

**Федеральна дорога B27**
**Автострада A8**
**Об'їзний рух**
**Острівці безпеки**
**Залізничний вокзал Бернгаузена**
**Міська залізниця**

Завдяки автостраді A8 та федеральній дорозі B27 місто має чудовий доступ до магістральних автомобільних доріг – чинник, який високо цінується не лише в економіці Фільдерштадта.

Втім, така мобільність вимагає щораз вищої ціни через постійне зростання рівня шуму та вихлопних газів.

За прогнозами експертів, рух транспорту на території Фільдера, передовсім на дорогах A8 та B27, постійно зростатиме.

Без сумніву, транспортне навантаження на прилеглих шляхах є відчутним для мешканців, однак його вагома частина створена самими фільдерштадтцями. Саме тому міська влада популяризує використання альтернативних видів пересування, до яких належать велосипед, громадський транспорт. Створюються також зони з обмеженням швидкості до 30 км/год.

*З'їзд Фільдерштадт-Зюд з федеральної дороги B27 поблизу промислового району Бонляндена*

*Автострада A8 – сполучення Фільдерштадта з мережею автомагістралей*

*Острівці безпеки призначені для уповільнення транспортного руху*

*Велосипедом по Фільдерштадту завдяки численним велосипедним доріжкам*

Ст. 85
Значно поліпшило ситуацію з перевезення приміських пасажирів Фільдерштадта продовження міської залізниці від аеропорту до Бернгаузена у 2001 році. Завдяки цьому тепер між Фільдерштадтом та столицею федеральної землі, а також іншими населеними пунктами штутгартського регіону щопівгодини курсують поїзди. Лише 4 хвилини необхідно, аби доїхати до аеропорту чи виставкового комплексу.

На території міської залізничної станції знаходяться багатоповерховий гараж на більш ніж 350 місць та автобусний вокзал Бернгаузена. Розклад руху автобусів узгоджений з прибуттям та відправленням поїздів. Таким чином, усі п'ять районів мають зручне сполучення з приміським транспортом.

Фільдерштадт був одним з найперших міст у Баден-Вюртемберзі, яке у 1990 році з метою зменшення інтенсивності транспортного руху запровадило у всіх житлових районах обмеження швидкості до 30 км/год.

*Лінія S2 швидко сполучає Фільдерштадт із Штутгартом: поїздка до центру міста триває 30 хвилин*

*Вокзал, збудований в 1897 році, нагадує про те, що вже тоді тут проходила залізниця*

*Міська залізниця перевозить велику кількість пасажирів*

Ст. 86-87
**Аеропорт / Виставковий комплекс**

**Аеропорт**
**Центр авіаперевезень вантажів**
**Вишка авіадиспетчерської служби**
**Виставковий комплекс**

Фільдерштадт розташований неподалік міжнародного аеропорту Штутгарт. В останні роки тут спостерігається збільшення обсягів повітряних перевезень. Щорічно через аеропорт проходить понад 10 млн. чоловік, третя частина яких є пасажирами внутрішніх авіарейсів, а дві третіх – міжнародних.

Паралельно зросла і кількість робочих місць в аеропорту. На майже 250 об'єктах господарювання зайнято більш ніж 10 тис. осіб, 15 відсотків котрих – мешканці Фільдерштадта.

Основна частина території аеропорту, зокрема злітно-посадкова смуга завдовжки у 3345 метрів, знаходиться в межах Бернгаузена. Зате більшість аеродромних споруд розташована на землях Ехтердінгена.

Також на території Бернгаузена біля аеропорту розмістились центр авіаперевезень вантажів, вертолітна ескадрилья поліції федеральної землі Баден-Вюртемберг та авіаційна база військово-повітряних сил США.

Те, що сусідство Фільдерштадта та аеропорту не завжди було безконфліктним, є очевидним. В останні десятиріччя у центрі суперечок навколо продовження злітної смуги опинились питання про шкідливий вплив шуму на населення та втрату прилеглих фермерських ділянок.

*Аеропорт Штутгарт – північний сусід Фільдерштадта*

*Центр авіаперевезень вантажів на північній околиці Бернгаузена*

*Аеродромна диспетчерська вишка була споруджена у 1995 році на околиці Бернгаузена. З 1999 року тут також знаходиться регіональний центр Німецької метеорологічної служби, компетенція якої поширюється на весь Баден-Вюртемберг.*

Ст. 87
Ярмарковий комплекс, виставкова площа якого складає 105 тис. квадратних метрів, а незабудована територія займає 40 тис. квадратних метрів, з багатофункціональним конгрес-центром був відкритий у 2007 році. Він розмістився по сусідству з Фільдерштадтом та має комфортне сполучення з приміським транспортом. Для Фільдерштадта як центру економічної активності виставковий комплекс означає суттєве підняття престижу, а для місцевих підприємств різних галузей – нові можливості та ринки. Не менш важливими є його значення для гастрономічних закладів та готельно-ресторанного бізнесу. Та й для населення великі публічні виставки – це поширення популярності Фільдера як місця відпочинку й дозвілля.

*Численні виставки запрошують відвідувачів: для мешканців Фільдерштадта шлях до виставкового комплексу є найкоротшим*

*Новий ярмарковий комплекс у Фільдері, на задньому плані – Бернгаузен*

Ст. 88-89
**Сільське господарство**

**Збір урожаю капусти**
**Салатні поля**
**Капустяні поля**
**Збір урожаю салатів**
**Продаж продукції на фермерському подвір'ї**
**Зрошування полів**

Вже сама назва Фільдер (поля), яка вперше згадується у 1267 році, вказує на значення сільського господарства в його історії. Завдяки родючим грунтам ця місцевість впродовж століть вважалась житницею Штутгарта. У XIX столітті своєрідною візитною карткою Фільдера була характерна шпичаста капуста, проте вона зовсім не єдина сільськогосподарська культура, яка тут вирощується. Зміни на ринку, що призвели до зменшення кількості заводів по переробці капусти, спонукали фермерів збільшити обсяги вирощування городини. Нині свою продукцію вони збувають через гуртовий ринок Штутгарта, торгівельні мережі, підприємства роздрібної торгівлі, та безпосередньо споживачу на щотижневих базарах і щораз частіше у власних фермерських магазинах.

Попри різке скорочення кількості фермерських підприємств за останні десятиліття сільське господарство у Фільдері все ж залишається ефективним.

*Збір урожаю капусти: ця сільськогосподарська культура ще досі відіграє важливу роль у Фільдері. Обсяги вирощування колись типової для цієї місцевості шпичастої капусти нині різко зменшились. Сьогодні шпичасту капусту замінила круглокачанна.*

*Кольорові салатні поля милують око*

Ст. 89
*Дрібне овочівництво поступово витісняє вирощування капусти, яка до цього часу займала провідне місце в сільському господарстві регіону. До збору овочів залучаються здебільшого іноземні помічники.*

*Важливим чинником для фермерів є самореклама: продаж сільськогосподарської продукції на фермерському подвір'ї*

*На відміну від капустяних салатні поля потребують більш інтенсивного зрошування*

Ст. 90-91
**Міста-побратими**

**Домбаль**
**Ля Сутеррен**
**Ошатц**
**Полтава**
**Селбі**

Фільдерштадт підтримує побратимські зв'язки з п'ятьма містами. Ще у 1972-73 роках громада Бернгаузена налагодила тісну співпрацю з двома французькими містами – Ля Суттерен і Домбаль, їх школами, товариствами та іншими закладами. У 1988 році разом із сусідніми містечками Ляйнфельден-Ехтердінген та Остфільдерн була заснована програма партнерства з українською Полтавою, у 1990 – з містом Ошатц у Саксені, а у 2002 році – з англійським містом Селбі.

Партнерські міста організовують зустрічі громадськості, обміни школярами, митцями, спортсменами та музикантами. У цих заходах беруть участь чимало товариств й клубів. Полтавське, німецько-французьке чи німецько-британське товариство тісно співпрацюють з відповідним містом-побратимом.

**Домбаль (Dombasle)**
Містечко знаходиться у департаменті Мерт і Мозель 13 км південніше від міста Нансі та нараховує майже 10 тис. мешканців. Домбаль – стародавнє місто. Перший спомин про нього датується VIII століттям. З заходу та півдня до центральної частини старого поселення примикає великий промисловий район. Визначним для міста стало заснування заводу Солвей (Solvay) на каналі Райн-Марн, який має вихід до акваторії порту. Тут працює великий

хімічний цех з виробництва рідкого хлору та різних видів соди зі всіма її побічними продуктами. Слід згадати і солеварню з потужним виробництвом харчової солі.

Життя у сучасному Домбалі є дуже жвавим, тут діють численні товариства. Кульмінаційним моментом у їх житті є свято Кіш-Льоррен, що відбувається раз у два роки та супроводжується великою урочистою ходою.

*Ратуша містечка Домбаль*

*Свято Кіш-Льоррен в містечку Домбаль*

**Ля Сутеррен (La Souterraine)**
Містечко, яке налічує близько 6 тис. мешканців, розташоване у середній частині Франції в департаменті Ля Крез. Тут збереглись ще деякі пам'ятки середньовіччя. Найстарішою спорудою є церква з вартою особливої уваги криптою, збудована між XI та XII століттями. Проте символом міста вважається частина укріплення з XV століття – оборонна вежа св. Жана. Із збільшенням централізації у часи абсолютизму Ля Сутеррен, подібно до інших провінційних міст Франції, поступово втратив своє значення.

Після Другої світової війни місто зазнало значного розквіту. Зараз Ля Сутеррен разом зі школами вищого ступеня (гімназія, реальна школа), притулком для людей похилого віку, громадським комплексом, кінотеатрами, бібліотекою, спортивним стадіоном і т.і. перетворився у культурний, суспільний та економічний центр регіону.

*Пам'ятка середньовіччя – церква Нотр-Дам в містечку Ля Сутеррен*

*Ратуша містечка Ля Сутеррен*

Ст. 91
**Ошатц (Oschatz)**
Місто між Ляйпцігом та Дрезденом, на території якого мешкає майже 20 тис. чоловік. Перша письмова згадка назви Ошатц датується близько 1200 роком, а у 1238 році вперше засвідчено його існування як міста. Період розквіту припадає на XV та XVI століття, коли Ошатц належав до найвідоміших міст Саксонії, що виготовляли сукно. З цих часів збереглись численні бюргерські будинки, ренесансна ратуша та міська церква св. Егідія, споруджена у пізньоготичному стилі.

З появою залізничної лінії Дрезден-Ляйпціг у 1839 році індустріалізація Ошатца отримала сприятливі умови для розвитку: вагонобудування, виготовлення й обробка повсті та фетру, а також виробництво вовни почали визначати економічну структуру міста. Як районний центр Ошатц зосередив багато територіальних інституцій, таких як лікарня, школи, учительська семінарія і т.д.

До визначних пам'яток нині належать історична частина міста з мурами, краєзнавчий музей та майже 50-тикілометрова вузькоколійна залізниця.

*ПлощаНоймаркт і ратуша, поруч церква св. Егідія у місті Ошатц*

**Полтава**
Місто в Україні, населення якого складає 320 тис. чоловік, розкинулось на березі однієї з приток Дніпра – р. Ворскла. Вперше Полтава згадується у 1174 році. Відомим місто стало у 1709 році, коли у битві під Полтавою Петро I переміг шведського короля Карла XII і таким чином на користь Росії завершив Другу північну війну. У XVIII та XIX століттях Полтава була тихим провінційним містечком. Нині тут знаходиться п'ять вищих навчальних закладів, гравіметрична обсерваторія, низка музеїв та театрів. Місто славиться багатьма парками, на одного мешканця припадає 37 квадратних метрів зелених насаджень.
У Полтаві працюють десятки промислових підприємств, серед яких слід відзначити хімічні виробництва та заводи штучних діамантів й діамантного інструменту.

*Полтавська міська рада*

**Селбі (Selby)**
Містечко Селбі з 13 тис. мешканців розташувалось на півночі Англії у графстві Йоркшир, між містами Йорк та Лідс. Особливе враження справляє монастирська церква, споруджена у готичному стилі близько 1069 року, яка є однією з небагатьох найбільших британських церков, що повністю збереглись з часів середньовіччя. За легендою уві сні до монаха Бенедикта Осерського з'явився святий Герман та наказав йому збудувати монастир у місці, де три лебеді виходять з річки. Саме ці птахи стали символом абатства та міста.

Селбі лежить над річкою Уз та має важливий порт. Колись суднобудівна галузь займала тут помітне місце. Донині місто залишається важливим вузлом залізничного та автомобільного транспорту. Суттєву роль відіграє харчова промисловість, яка займається переробкою сільськогосподарської продукції, вирощеної на околицях.

До 2004 року у Селбі здійснювався видобуток вугілля у великих обсягах. Свого часу це був найбільший у світі проект з підземної гірничої виробки, який включав також дві великі працюючі на вугільному паливі електростанції. Однак через зниження цін на вугілля та одночасне зростання виробничих коштів шахти почали приносити щораз більші збитки. Останні копальні закрили у 2004 році.
Натомість в околицях Селбі продовжує розвиватись сільське господарство.

*Кафедральний собор Селбі*

## Impressum

**Herausgeber:**
Stadt Filderstadt
Aicher Straße 9
70794 Filderstadt

Filderstadt 2009

ISBN 978-3-934760-11-2

**Text- und Bildredaktion:**
Waldemar Kolb, Jens Theobaldt, Reiner Enkelmann, Suyin Völlm und Nikolaus Back

**Text:**
Nikolaus Back unter Verwendung von Texten der Ämter und Referate der Stadt Filderstadt. Die Konzeption und Texte orientieren sich an dem Band „Filderstadt Bilder" von 1997.

Ein Großteil der Fotos wurde durch Mitglieder des Fotoclubs Filderstadt e.V. erstellt.

**Gestaltung und Gesamtherstellung:**
Verlagsgesellschaft W. E. Weinmann e. K., Filderstadt

**Übersetzungen:**
Helen Collins (englisch)
Igor Linse (ukrainisch)

## Abbildungsnachweis

Umschlag: Günter Bergmann (Fildorado u. Filharmonie); Frank Rau (Waldlauf); Rolf Rösken (Leuchtschrift); Herma GmbH (Industriebau); S. 2/3: Uli Reinhardt; S. 4: Rolf Rösken; S. 5: Jürgen Rau (o); Reiner Enkelmann (u); S. 6: Günter Bergmann (o); Nikolaus Back (u); S. 7: Reiner Enkelmann; Wilhelm Stöckle; S. 8: Nikolaus Back (o); Städt. Kunstsammlung (u li); Günter Bergmann (u re); S. 9: Günter Bergmann (o und u li); Reiner Enkelmann (u re); S. 10: Nikolaus Back (o), Rolf Rösken (u); S. 11 Günter Bergmann (o), Gert Herzhauser (li), Nikolaus Back (re); S. 12: Wilhelm Stöckle (o), Reiner Enkelmann (u); S. 13: Reiner Enkelmann (o); Wilhelm Stöckle (li); Nikolaus Back (re); S. 14 Nikolaus Back; S. 15: Günter Bergmann (o); Stadtarchiv Filderstadt (u li); Reiner Enkelmann (u re); S. 16: Reiner Enkelmann (o und u); S. 17: Günter Bergmann (o); Nikolaus Back (li und re); S. 18: Reiner Enkelmann (o und u); S. 19: Reiner Enkelmann; S. 20: Reiner Enkelmann (o); Nikolaus Back (u); S. 21: Jürgen Lenz (o); Reiner Enkelmann (u re und li); S. 22: Nikolaus Back (o); Reiner Enkelmann (u); S. 23 Reiner Enkelmann (o); Wilhelm Stöckle (u); S. 24: Günter Bergmann (o); Reiner Enkelmann (u); S. 25: Wilhelm Stöckle (o); Stadtarchiv Filderstadt (li); Reiner Enkelmann (re); S. 26: Rolf Rösken; S. 27: Silke Köhler (o); Wilhelm Stöckle (li); Reiner Enkelmann (re); S. 28: Nikolaus Back (o und u); S. 29: Reiner Enkelmann (o); Wilhelm Stöckle (u); S. 30: Wilhelm Stöckle (o); Nikolaus Back (u li); S. 31 Nikolaus Back (o); Günter Bergmann (u); S. 32: Rolf Rösken (o); Nikolaus Back (u); S. 33 Nikolaus Back (o li und re); Rolf Rösken (u); S. 34: Nikolaus Back (o); Wilhelm Stöckle (u); S. 35: Wilhelm Stöckle (o); Reiner Enkelmann (u); S. 36: Wilhelm Stöckle (o); Reiner Enkelmann (u); S. 37: Wilhelm Stöckle (o und u); S. 38: Wilhelm Stöckle (o); Reiner Enkelmann (u); S. 39: Reiner Enkelmann (o); Wilhelm Stöckle (u); S. 40: Jürgen Lenz (o und u); S. 41: Thomas Haigis (o, und u); Gabi Ridder/Filder-Zeitung (Mitte); S. 42: Rolf Rösken (alle); S. 43: Reiner Enkelmann (alle); S. 44: Reiner Enkelmann (o und Mitte); Günter Bergmann (u); S. 45: Nikolaus Back (li o); Silke Köhler (li u); Rolf Rösken (re o und u); S. 46: Thomas Haigis; S. 47: Constanze Traub (li); Silke Köhler (re o und u); S. 48: Norbert Heil; S. 49: Wilhelm Stöckle (li o); Claus Fuchs (re o und li Mitte); Frank Rau (re Mitte); S. 50: Günter Bergmann (o und u); S. 51: Margit Weinmann (li o); Günter Bergmann (re o und u); S. 52: Familienbildungsstätte (o); Wolfgang Baumgartner (u li), Hazel Reister (u re); S. 53: Dagmar Rohnke (u li); Hans Konzelmann (o und u re); S. 54: Günter Bergmann (o und u); S. 55: Reiner Enkelmann (o); Filderklinik (u li); Wilhelm Stöckle (u re); S. 56: Nikolaus Back (o und Mitte); Haus am Fleinsbach (u); S. 57: Reiner Enkelmann (o); Constanze Traub; S. 58: Thomas Krämer (o); Edeltraud Herrmann (u); S. 59: Nikolaus Back (o); Thomas Haigis (Mitte); Constanze Traub (u li) Thomas Haigis (u re); S. 60: Günter Bergmann (o); Wilhelm Stöckle (u li); Alexandra Böttinger/Filder-Zeitung (u re); S. 61: Reiner Enkelmann (o); Rolf Rösken (Mitte); Wilhelm Stöckle (u li und re); S. 62: Stadtarchiv (o); Rolf Rösken (Mitte li); Fotoclub (Mitte re); S. 63: Günter Bergmann (o und u); S. 64: Wilhelm Stöckle; S. 65: Wilhelm Stöckle (o); Thomas Krämer (u re); Rolf Rösken (u re); S. 66 Silke Köhler (o und u re); Rolf Rösken (u li); S. 67 Nikolaus Back (o); Rolf Rösken (u li); Wilhelm Stöckle (u re); S. 68 Thomas Krämer (o); Gabi Ridder/Filder-Zeitung (u li); Günter Bergmann (u re); S. 69: Günter Bergmann (3 Bilder re), Stadt Filderstadt (li); S. 70: Reiner Enkelmann (o li); Nikolaus Back (o re); Wilhelm Stöckle (u li und re); S. 71: Albrecht Weckmann (o li und re sowie Grafik u li); Manuela Kallinger (u re); S. 72: Sabine Mysliwetz (o); Reiner Enkelmann (u li); Albrecht Weckmann (u re); S. 73: Filder-bühne (o); „die eulen" (u); S. 74–77: Günter Bergmann; S. 78: Reiner Enkelmann; S. 79: Rolf Rösken (o li); Flughafen Stuttgart GmbH (o re); Reiner Enkelmann (Mitte); Herma GmbH (u); S. 80: Wilhelm Stöckle (o); Reiner Enkelmann (Mitte und u re); Rolf Rösken (u li); S. 81: Rolf Rösken (o und u); S. 82: Rolf Rösken (o, Mitte, u); Nikolaus Back (li); S. 83: Rolf Rösken (o u. u re); Reiner Enkelmann (Mitte und u li); S. 84: Reiner Enkelmann (o und u re); Nikolaus Back (Mitte); Fa. Karl Praxl (u re); S. 85: Günter Bergmann (o u. u li); Wilhelm Stöckle (u re); S. 86: Flughafen Stuttgart GmbH (o); Reiner Enkelmann (Mitte); Rolf Rösken (u); S. 87 Landesmesse Stuttgart GmbH (o); Reiner Enkelmann (u); S. 88 Reiner Enkelmann (o und Mitte); Wilhelm Stöckle (u); S. 89 Reiner Enkelmann (o); Wilhelm Stöckle (u); S. 90: Wilhelm Stöckle (li); Jürgen Wagner (Mitte); Stadtarchiv Filderstadt, Foto: J. Schöllhorn (re); S. 91: Stadtverwaltungen Poltawa, Oschatz und Selby.